市政廳也是流浪漢的收容所。◎從外部也可以欣賞聖母院喔！◎新橋一點都不新，是塞納河上最一座橋。◎杜樂麗花園有帥氣的騎警！◎貝西村以前竟然是葡萄酒倉庫！◎貝聿銘的建築作品也得到喔！◎大皇宮從來就不是真的「皇宮」。◎莫內到底畫了幾幅睡蓮？◎搭小火車遊蒙馬特更聖心堂永遠保持潔白的外牆。◎葉維特公園以前竟然是屠宰場！？◎地下墓穴埋了600萬人！◎劇院就是歌劇魅影的場景。◎東京宮開到晚上10點喔！◎曾經是刑場的協和廣場。◎達利畫都是他妻子的形象！？◎加尼耶歌劇院的票開演前可能會降價唷！◎雨果是中國文化和藝術的愛家裡收藏了許多東方文物。◎以英國女王為名的西堤◎奧賽美術館的前身竟然是火車站。◎萬神殿不只名連外觀也模仿自羅馬的萬神殿。◎登上蒙帕那斯塔不蒙帕那斯塔，巴黎人心中破壞市容的建築。◎巴黎是流浪漢的收容所。◎從外部也可以欣賞聖母院喔！一點都不新，是塞納河上最古老的一座橋。◎杜樂麗

巴黎

35

City Target

帥氣的騎警！◎貝西村以前竟然是葡萄酒倉庫！◎貝聿銘的建築作品台灣也看得到喔！◎大皇宮從不是真的「皇宮」。◎莫內到底畫了幾幅睡蓮？◎搭小火車遊蒙馬特更有趣。◎聖心堂永遠保持牆。◎葉維特公園以前竟然是屠宰場！？◎地下墓穴埋了600萬人！◎加尼耶歌劇院就是歌劇魅景。◎東京宮開到晚上10點喔！◎曾經是刑場的協和廣場。◎達利畫中的聖母都是他妻子的形象！？耶歌劇院的票開演前可能會降價唷！◎雨果是中國文化和藝術的愛好者，家裡收藏了許多東方文以英國女王為名的西堤島花市。◎奧賽美術館的前身竟然是火車站。◎萬神殿不只名字，連外觀羅馬的萬神殿。◎登上蒙帕那斯塔才看不到蒙帕那斯塔，巴黎人心中破壞市容的建築。◎巴黎市是流浪漢的收容所。◎從外部也可以欣賞聖母院喔！◎新橋一點都不新，是塞納河上最古老的一◎杜樂麗花園有帥氣的騎警！◎貝西村以前竟然是葡萄酒倉庫！◎貝聿銘的建築作品台灣也看◎大皇宮從來就不是真的「皇宮」。◎莫內到底畫了幾幅睡蓮？◎搭小火車遊蒙馬特更有趣。◎聖遠保持潔白的外牆。◎葉維特公園以前竟然是屠宰場！？◎地下墓穴埋了600萬人！◎加尼耶歌劇歌劇魅影的場景。◎東京宮開到晚上10點喔！◎曾經是刑場的協和廣場。◎達利畫中的聖母都是的形象！？◎加尼耶歌劇院的票開演價唷！◎雨果是中國文化和藝術的愛好者，家裡許多東方文物。◎以英國女王為名的西堤島花市。◎奧賽美術館的前身竟然是火車站。◎萬神字，連外觀也模仿自羅馬的萬神殿。◎登上蒙帕那斯塔才看不到蒙帕那斯塔，巴黎人心中破壞築。◎巴黎市政廳也是流浪漢的收容所。◎從外部也可以欣賞聖母院喔！◎新橋一點都不新，是上最古老的一座橋。◎杜樂麗花園有帥氣的騎警！◎貝西村以前竟然是葡萄酒倉庫！◎貝聿銘的

MOOK

本書所提供的各項可能變動性資訊，如交通、時間、價格、地址、電話或網址，係以2024年3月前所收集的為準；但此類訊息經常異動，正確內容請以當地即時標示的資訊為主。

如果你在旅行中發現資訊已更動，或是有任何內文或地圖需要修正的地方，歡迎隨時指正和批評。你可以透過下列方式告訴我們：

寫信：台北市115南港區昆陽街16號7樓
傳真：02-25007796
E-mail：mook_service@hmg.com.tw
FB粉絲團：「MOOK墨刻出版」www.facebook.com/travelmook

行前大補貼

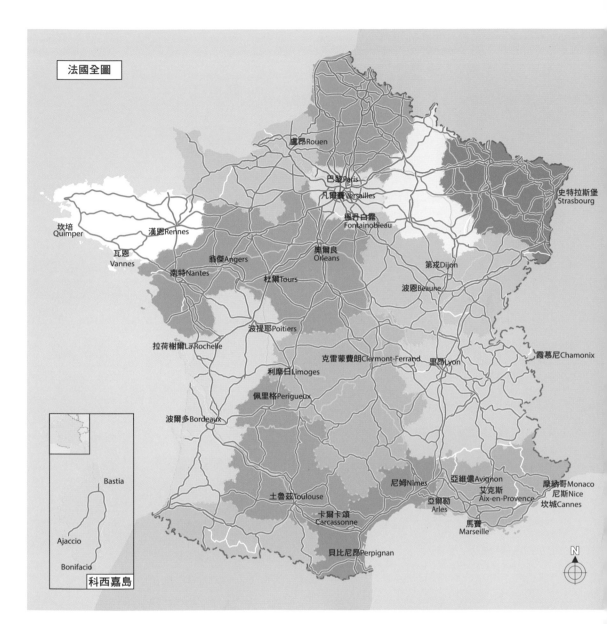

法國全圖

盧昂Rouen

巴黎Paris

凡爾賽Versailles

史特拉斯堡
Strasbourg

楓丹白露
Fontainebleau

坎培
Quimper

漢恩Rennes

瓦恩
Vannes

翁傑Angers

奧爾良
Orleans

第戎Dijon

南特Nantes

杜爾Tours

波恩Beaune

波提耶Poitiers

拉荷榭爾La Rochelle

克雷蒙費朗Clermont-Ferrand

里昂Lyon

霞慕尼Chamonix

利摩日Limoges

佩里格Perigueux

波爾多Bordeaux

尼姆Nimes

亞維儂Avignon

摩納哥Monaco

土魯茲Toulouse

艾克斯
Aix-en-Provence

尼斯Nice

坎城Cannes

卡爾卡頌
Carcassonne

亞爾勒
Arles

馬賽
Marseille

貝比尼昂Perpignan

Bastia

Ajaccio

Bonifacio

科西嘉島

N

出發！航向巴黎的偉大航道

簽證辦理

台灣遊客前往法國觀光無需辦理申根簽證，只要持有效護照即可出入申根公約國，6個月內最多可停留90天。摩納哥雖然並不屬於申根公約國，但接受國人以免申根簽證待遇入境。有效護照的定義為，預計離開申根區時最少還有3個月的效期。

儘管開放免簽證待遇，卻不代表遊客可無條件入境，入境申根國家所需查驗的相關文件包括：來回航班訂位紀錄或機票、英文或法文行程表、當地旅館訂房紀錄或當地親友邀請函、英文存款證明或其他足以證明自己能在當地維生的證明、公司名片或英文在職證明等等。另外，原本辦理申根簽證所需的旅遊醫療保險，雖同樣非入境時的必備證明，但最好同樣投保，多一重保障。

目前「歐盟旅行資訊及許可系統」(ETIAS)仍在建置中，預計2025年中開始，國人前往包含法國、義大利、西班牙、葡萄牙等歐洲30個國家和地區，需要事先上網申請ETIAS且獲得授權，手續費€7。ETIAS有效期限是3年，或持有護照到期為止。效期內只要持有效護照及ETIAS即可不限次數出入申根公約國，無需再辦理申根簽證，6個月內最多可停留90天。

歐盟ETIAS官網

🌐travel-europe.europa.eu/etias_en

法國在台協會

🏠台北市信義區信義路五段7號39樓A室(台北101大樓)

☎(02)35185151 ⏰週一～週五9:00~12:00

🌐france-taipei.org

如何前往

飛機

從台灣可搭長榮航空直飛巴黎，或利用其他航空公司經香港、新加坡或曼谷轉機前往巴黎。

台灣飛航巴黎主要航空公司

航空公司	網址	訂位電話
長榮	www.evaair.com	(02)2501-1999
法航	www.airfrance.com.tw	(02)7752-7422
國泰	www.cathaypacific.com	(02)7752-4883
泰航	www.thaiairways.com	(02)2515-1888
華航	www.china-airlines.com	(02)412-9000
新航	www.singaporeair.com	(02)7750-7708

◎**戴高樂機場Aéroport Paris-Charles-de-Gaulle**：戴高樂機場簡稱CDG，位於巴黎市區東北約25公里，一般航空多降落在此，CDG共有3個航廈，分別是CDG1、CDG2和CDG3。

其中，長榮航空從台北直飛巴黎的航班，便是停靠在CDG1，CDG2主要供法國航空和國內航班使用，日本航空和大韓航空也會在此起降；至於CDG3多為廉價航空使用。在CDG1與CDG2、CDG3航廈之間，有提供免費的無人電車(CDGVal)，方便旅客往返使用。

◎**奧利機場Aéroport de Paris-Orly**：位於市區南方約14公里處，設有南航廈SUD和西航廈OUEST兩個航廈，前者大部分供國際航班起降，後者則以國內線航班居多；奧利機場與戴高樂機

之間可透過RER B線加上Orlyval機場快捷轉乘。

　　從機場前往巴黎市區，不論搭乘巴士、RER、火車或計程車等，可選擇的交通方式眾多，十分便利。

戴高樂機場

🌐**www.parisaeroport.fr/roissy-charles-de-gaulle**

奧利機場

🌐**www.parisaeroport.fr/orly**

機場至市區交通

羅西巴士Roissybus

　　由巴黎大眾運輸公司(Régie Autonome des Transports Parisiens，簡稱RATP)經營，是往來戴高樂機場和巴黎市區的巴士中最方便直接的。

起訖點：戴高樂機場—歌劇院(11, Rue Scribe)

⏰**6:00~00:30，約15~20分鐘一班，車程約60分鐘。**

💲**單程€16.2**

🌐**www.ratp.fr(巴黎大眾運輸公司)**

奧利巴士Orlybus

　　負責奧利機場和巴黎市區間的交通營運，也由巴黎大眾運輸公司經營。

起訖點：奧利機場—Denfert-Rochereau廣場。

⏰**5:35~00:30，約10~15分鐘一班，車程約25~35分鐘。**

💲**單程€11.2**

🌐**www.ratp.fr**

RER

◎**從戴高樂機場**

　　CDG1或CDG2兩個航廈均可搭RER B線前往市區市區北站(Gare du Nord)、Châtelet-Les Halles等大站，可銜接

地鐵(Métro)或其他RER路線至各地。

　　可在機場購買車票，記得車票要保留至出站，並通過驗票機查驗。

RER B線

⏱️4:53~22:35，約10~20分鐘一班，車程至北站約25分鐘、至Châtelet-Les-Halles約28分鐘。

💲單程€11.45　🌐www.ratp.fr

◎從奧利機場

　　從機場乘坐單軌列車OrlyVal到RER B線的Antony站，由此搭RER B線前往北站(Gare du Nord)、Châtelet-Les Halles等大站，再銜接地鐵至各地。

　　另外也可從奧利機場搭巴士183前往RER C線的Pont de Rungis站，由此搭RER C線前往市區Gare d'Austerlitz、Invalides、St Michel Notre Dame等大站，再銜接地鐵至各地。

單軌列車Orlyval

⏱️6:00~23:35，約5~7分鐘一班，車程約6分鐘。

💲單程€11.3(含至市區RER B聯票€15.4，車程約25~35分鐘)

巴士

◎戴高樂機場

　　在戴高樂機場CDG1與CDG2兩個航廈，可搭巴士350號抵達巴黎Porte de la Chapelle或巴士351號抵達市區的Nation(2 Ave. du Trône)，車票可於上車時購買。

⏱️350巴士6:05~22:30，約15~30分鐘一班，車程約60~80分鐘；351巴士7:00~21:37，約15~30分鐘一班，車程約70~90分鐘

💲單程€2.15、上車購票€2.5

❗另有夜間巴士N140、N143號

◎奧利機場

　　在奧利機場可搭巴士183號至Robert Peary站，轉乘電車T9線(Four Peary站)至市區，車票可於上車時購買。

⏱️5:00~00:30，約8~15分鐘一班，車程約30分鐘。

💲單程€2.15

❗另有夜間巴士N22、N31、N131、N144號

計程車

　　從戴高樂機場搭計程車至巴黎市區，車程約30~50分鐘，到巴黎右岸車資約€55、左岸約€70；從奧利機場至市區，車程約20~40分鐘，到巴黎右岸車資約€41、左岸約€35，以上遇夜間和假日需加價，大件行李每件加收約€1。

火車

　　由於和歐陸其他國家以綿密的鐵路網相互接通，因此從鄰近的英國、西班牙、義大利、比利時、德國、甚至遠到東歐的捷克、波蘭等歐洲大城，都有班次頻繁的跨國火車往來，因此可以輕而易舉的從其他歐洲城市搭乘火車前往巴黎。

　　巴黎市區內擁有多達7座主要火車站，包括位於右岸的聖拉薩車站、北站和東站，以及位於南岸的蒙帕納斯車站、奧斯特里茲車站、里昂車站和貝西車站。

◎巴黎北站Gare du Nord

　　北站最廣為跨國火車使用，包括前往倫敦的歐洲之星，以及比利時、荷蘭與德國的TGV火車停靠於此，國內線則主要前往法國西北部。

◎奧斯特里茲車站Gare d'Austerlitz

　　前往西班牙和羅亞爾河和法國西南部的火車從奧斯特里茲車站出發。

◎巴黎東站Gare de l'Est

　　東站主要前往瑞士、奧地利和東歐以及往法國東北部的國內線火車。

◎里昂車站Gare de Lyon

　　里昂車站以義大利和瑞士西部以及法國東南部的火車為主。

◎蒙帕納斯Gare Montparnasse
蒙帕納斯以法國境內火車為主,前往法國西南部。

◎聖拉薩車站Gare Saint-Lazare
聖拉薩車站以法國境內火車為主,前往法國西北部。

班次、時刻表及票價可上網或至火車站查詢,車票可上網、至火車站櫃台購買,或先在台灣向飛達旅遊購買法國火車通行證(France Rail Pass)。

飛達旅遊
📞(02) 8161-3456 🌐www.gobytrain.com.tw
◎@gobytrain
法國國鐵
🌐www.sncf.com

法國火車通行證

效期	票種	成人個人票		青年個人票		熟齡個人票	
	艙等	頭等艙	普通艙	頭等艙	普通艙	頭等艙	普通艙
彈性	1個月任選1天	111	87	88	76	100	78
	1個月任選2天	166	132	133	113	150	118
	1個月任選3天	210	165	168	144	190	149
	1個月任選4天	248	196	199	170	223	177
	1個月任選5天	283	223	227	193	255	201
	1個月任選6天	314	247	251	214	283	222
	1個月任選7天	342	270	274	233	308	243
	1個月任選8天	371	292	297	254	334	263

巴黎
行前教育
懶人包

1853年時，拿破崙三世有鑑於當時巴黎市容雜亂，於是展開了17年的都市計畫，設立現代化的下水道與排水系統、開闢輻射狀的大道、並拆除城中大部分中世紀房舍與外城牆、打造新古典主義風格的建築…將巴黎改造成摩登大都會，塞納河也搖身變成優雅的仕女，巴黎自此增添了無與倫比的美麗與浪漫。充滿人文歷史的咖啡館出現於大街小巷，宮殿、花園、教堂與傳統市集交錯並存，面貌之豐，就算待上三天三夜也走逛不完。

巴黎的面貌隨著時代的演進逐漸堆砌，從古羅馬時期至今發展了上千年。

巴黎除了擁有知名觀光景點，如羅浮宮、艾菲爾鐵塔、龐畢度中心與各式博物館、歌劇院等，更是全球最頂尖的時尚聖地。

基本資訊

人口

市區約210.2萬人，都會區約1,085萬人。

面積

約2853.5平方公里。

時差

台北時間減7小時，夏令 時間(3月最後一個週日起至10月最後一個週日止)減6小時。

電壓

220伏特

貨幣及匯率

使用歐元，一般以Euro和€表示，本書皆以€表示。1歐元約可兌換34.8元台幣(匯率時有變動，僅供參考)。

小費

一般在咖啡館或餐廳消費，帳單金額已包含稅金和15%服務費，帳單會標示「Service Compris」；若覺得服務特別滿意，也可留下5%~10%的小費表示感謝。高級飯店住宿，行李、房間清潔及客房服務小費行情約€1~2。如果是電話叫計程車，給司機的小費約為車資的5%。

打電話

從法國打到台灣：00-886-x(區域號碼去掉0)-xxxxxxxx(6~8碼電話號碼)

從台灣打到法國：002-33-x(區域號碼去掉0)-xx-xx-xx-xx(8碼電話號碼)

法國國內：xx(區域號碼)-xx-xx-xx-xx(8碼電話號碼)

退稅

觀光客在法國購物可享退稅優惠，條件是(1)必須在貼有Tax Free(法文détaxe)標示的店內消費超過€100.01，(2)年滿16歲，(3)非歐盟國家居民且未持有歐盟長期居留證(4)必須在購買商品後3

個月內離境(指法國及其他歐盟國家),(5)離境時出示購買商品及商家所開立的退稅單及收據。如達退稅標準,每次退稅約可退得購買金額的12%(信用卡12%、現金10.8%)。

只要符合退稅標準,即可在結帳時請櫃台幫你辦理,辦理時需要出示護照,並填寫退稅表格,退稅方式可選擇退入信用卡或退成現金(歐元),這點在填寫退稅表格時便會詢問,選擇後至機場退稅時,是不能更改的。

退稅可以至最後離境的歐盟國家機場辦理,辦理時請先至退稅櫃台,提供護照、機票、發票和退稅表格,有時海關人員會要求檢查是否有購買這些商品,因此建議將商品帶在手邊;由於退稅隊伍常大排長龍,記得要提早到機場,才不會因趕不上飛機而錯失退稅良機。

有些觀光客多的地方可以提供直接退稅的服務,像是拉法葉百貨和春天百貨,退稅機甚至還有中文介面。

法國機場設有退稅機器,使用機器掃描退稅單上的條碼,若驗證成功就不需要排隊給海關蓋章;反之若驗證未成功,則需排隊給海關蓋章。

海關蓋章後,如果是退現金,則至現金退稅櫃台(Cash Refund Office)領取歐元,每張退稅單收取€3手續費,如果是退回信用卡,請將表格放入退稅信封內(收執聯請自己保留),再投遞至退稅郵筒內,約2~3個月內,換算成台幣的退稅金額,便會退至你指定的信用卡帳戶內。

優惠票券

巴黎博物館通行證Paris Museum Pass

參觀巴黎大大小小的博物館,光是門票也是一筆不小的支出,建議購買巴黎博物館通行證,憑卡可無限次、免費進入巴黎超過50個以上的博物館和景點,包括羅浮宮、奧塞美術館、龐畢度中心、凱旋門、羅丹美術館、凡爾賽宮及楓丹白露宮等,可省去許多排隊購票的時間。

通行證共有2、4、6日三種,並分為實體與電子票兩種選擇,實體通行證可於各

2024巴黎奧運 Paris 2024
2024巴黎奧運於2024年7月舉行,是巴黎繼1900年、1924年後,第3度舉辦奧林匹克運動會,距離上一次巴黎奧運剛好相隔100年。

大博物館、遊客服務中心和地鐵站購買，電子票則是透過官網線上購買。

使用期限從進入第一個博物館刷條碼後開始計算，要注意的是，使用天數必須連續，不得中斷與彈性任選。

💶2日券€62、4日券€77、6日券€92。

🌐www.parismuseumpass.fr

旅遊諮詢

法國旅遊發展署台灣辦事處Atout France

🏠台北市復興北路167號13樓

☎(02)2714-8987

🕐週一～週五9:30~17:30

🌐www.france.fr/zh-Hant

巴黎旅遊局Office du Tourisme de Paris

🏠29, rue de Rivoli Paris

🕐10:00~18:00

🎎5/1 🌐parisjetaime.com

旅遊資訊參考網站

巴黎市政廳Mairie de Paris

提供巴黎景點與文化藝術介紹，以及城市的新聞和生活相關資訊。

🌐www.paris.fr

歐洲博物館之夜
La Nuit Européenne des Musées

每年5月中旬，歐洲近3,300多家博物館都選在同一個週末夜晚，免費開放民眾參觀，光是法國就有1,300多間博物館參與，在大巴黎地區則有超過130家共襄盛舉，包括羅浮宮、奧塞美術館、龐畢度中心、大小皇宮、傷兵院、羅丹美術館、凡爾賽宮、楓丹白露等，會在該週末18:00~午夜1:00免費開放。而除了靜態的博物館參觀，當晚還有音樂、舞蹈、電影、戲劇等表演可欣賞，每年的舉辦日期與詳細活動內容，請於5月前上網查詢。

🌐nuitdesmusees.culture.gouv.fr

Cityrama

提供各種觀光巴士帶旅客暢遊巴黎，包括巴黎半日遊、一日遊、夜間表演秀觀光團、夜景行程、遊艇晚餐以及巴黎近郊行程等，選擇眾多。

🌐www.pariscityrama.com

巴黎
市區交通

在大型的地鐵站內，都設有線路告示看板，只要沿著指示走準沒錯。

地鐵

凡標示著METRO或M的地方就是地鐵站的入口，走下階梯，即是售票櫃台，旁邊亦有自動售票機。在車票的有效區域內，無論坐到哪一站，地鐵全線均一價格，因此，購買車票時可買單張票(Billet)，也可先購買一張Navigo Easy儲值卡或下載免費手機app「Bonjour RATP」，再一次買10張電子回數票(Carnet)，價格平均起來較便宜。地鐵票可同時使用於有效區域內的地鐵、巴士和1區內的RER。原有的紙本回數票因無紙化已逐漸淘汰，另有Navigo一日票、週票與月票可選擇。若使用紙本車票記得要保留直到離站為止，不要輕易丟棄，因為查票員有時會站在出口前隨機查票。如果必須轉車，記得尋找「Correspondence」(轉乘)看板，看板上會註明線路號碼與終點站名，跟著看板指示走，就可抵達月台。下車後，先找到上頭寫著「Sortie」(出口) 的藍色看板，跟著箭頭走，即可出地鐵站。

RER

RER是高速郊外快鐵(Réseau Express Régional)的簡稱，在巴黎市區行走於地下，到市郊時則行走於地面道路。

上述的單張票或是10張電子回數票適用於巴黎1區內的RER，但如果前往巴黎近郊遊覽，例如凡爾賽宮、迪士尼樂園、河谷Outlet購物村、新凱旋門(La Défense)或戴高樂機場等，利用RER是最快速便捷的交通方式，然而這些景點都不在巴黎的1區內，如果是從地鐵轉乘RER前往的話，由於地鐵票的涵蓋區域沒這麼大，請務必先下車，到售票櫃台重新購票(票價依目的地遠近而不同)，再轉乘RER，以免到了目的地卻無法出站。

特別提醒你，搭乘地鐵出站時，不用再通過驗票機，但RER需要，所以車票務必保留至出站。

🌐 www.ratp.fr

巴士

建議先到地鐵站的遊客中心索取巴士路線圖，可

快速尋找欲搭乘的巴士號碼與巴士站的位置。巴士車票與地鐵票通用，90分鐘內可不限次數轉乘。上車後，記得將票插進收票機打印即可，如果持旅遊卡，請在上車時拿給司機看。如果沒事先買好車票，可於上車時購買，但請自備零錢。

🌐 www.ratp.fr

計程車

搭計程車可從計程車候車處(Station de Taxi)或有Taxi標誌的地方乘坐，車頂上會有「Taxi Parisien」燈箱，上車時記得確認一下計程表。一

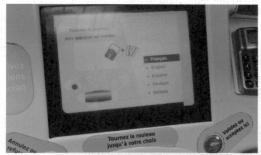

如果售票人員忙碌或者大排長龍，建議利用自動售票機購買，操作時可選擇語言，有些可選擇「中文」指示說明，進行購票。

般車僅載3~4人，第4或第5名乘客需加收費用，電話叫車亦須額外付費。G7是巴黎的計程車公司，另外也可以下載Uber或Bolt app預約叫車。

G7

☎01-41-27-66-99。

◉依不同時段共分A、B、C三種價格，起跳價均為€2.6，A價適用於週一~週六10:00~17:00間行駛於市區，每公里€1.14；B價適用於週一~週六17:00~7:00以及週日7.00~午夜和國定假日的午夜~7:00間行駛於市區，或週一~週六7:00~19:00行駛於郊區，每公里€1.53；C價適用於週日午夜~7:00間行駛於市區，或週一~週六19:00~7:00行駛於郊區，以及週日和國定假日整天行駛於郊區，每公里€1.7。此外，除第5人需加價外，第二件放置於行李箱中的行李每件需加付€1。

巴黎觀光巴士

想要快速認識巴黎，可自由上下車的觀光巴士是不錯的選擇。

Tootbus Paris

Tootbus Paris敞篷雙層觀光巴士前身為Paris L'Opentour，Tootbus目前以一條主要路線延伸出多個觀光行程，沿途共有10個站點。行程主要分為探索巴黎(Paris Discovery Tour)以及包括遊船導覽的巴黎必遊(Must See Paris)，還可加選凡爾賽宮的組合行程，在有效期限內可以無限次任意上下車。另有夜遊巴黎(Paris by Night)以及專為孩童設計的兒童之旅(Kids Tour)。車上備有中、英、日、法語的耳機導覽；可於街上穿有Tootbus制服的售票員、線上官網或任一停靠站上車買票。

◉探索巴黎、巴黎必遊10月9:30~18:30，11~3月9:30~17:00，每10分鐘一班；夜遊巴黎11、1~2月18:00，3、9~10月20:00，4~8月21:00；兒童之旅週六14:30。

◉探索巴黎1日券全票€44、優待票€24，2日券全票€52、優待票€30，3日券全票€57、優待票€33；巴黎必遊1日券全票€58、優待票€32，2日券全票€66、優待票€38，3日券全票€71、優待票€41；夜遊巴黎全票€33、優待票€23；兒童之旅€30。

🌐www.tootbus.com

Big Bus Tour

搭乘Big Bus Tour這種紅色雙層巴士可在巴黎市內10個停靠站任意上下車，起迄點為艾菲爾鐵塔，沿途經戰神公園、加尼葉歌劇院、羅浮宮金字塔、羅浮宮藝術橋、聖母院、奧塞美術館、香榭麗舍大道/凱旋門、大皇宮、投卡德候廣場(Place du Trocadéro)/夏佑宮，車上備有中、英、日、法語的耳機導覽；可於任一停靠站上車買票。另有夜間行程可選擇。

📍11, Avenue de l'Opéra 75001 Paris

🕐9:45~18:50，約7~15分鐘一班，全程約2小時15分鐘。

◉1日券全票€45~59、優待票€25~35，2日券全票€75、優待票€42；上網購票另有折扣優惠。

🌐www.bigbustours.com

塞納河遊覽船

搭船遊塞納河，除了在船上用餐必須事先預約外，純觀光均可上船買票、自由乘坐。欲了解當地有哪些遊覽船公司，可於遊客服務中心或各大飯店櫃台索取相關資訊。各種遊覽船行程請詳見P.116。

優惠票券

一日票Mobilis

可以在一日內，在有效區域內不限使用次數，一般來説，如果在同一天內使用地鐵的次數超過5次以上，買一日票會比較划算。由於巴黎大部份景點都位於2區內，因此建議購買1~2區即可。需在票上填上使用日期和姓名後啟用。可於地鐵站和RER站櫃台或售票機購票。

🕐1~2區€8.45、1~3區€11.3、1~4區€14、1~5區€20.1。

巴黎交通卡Pass Navigo Découverte

這是一種IC乘車通行卡，和台灣的悠遊卡相似，都需要儲值，一次加滿一週或一個月的額度，如額度用完了，就再以機器加值即可。

持Pass Navigo Découverte可儲值週票與月票（Monthly and Weekly Navigo travel pass），可以在有效期限內無限次的使用地鐵、RER和其他交通工具，但需特別注意的是，週票的使用效期都是從週一開始至週日結束，換言之，如果是週二買票，一樣只能用到週日，所以最好從週一開始儲值使用，至於月票亦然，是從每月的1日使用到最後一天。第一次使用時，請到售票口以€5購買Pass Navigo Découverte卡片（退卡時不退費），並繳交2.5×3cm的照片一張（如果未帶照片，可至一旁的快照機付費拍照），拿到卡後才能開始加值。Pass Navigo Découverte卡片共有兩張，一張是感應卡，進出站時要刷，另一張則是身份卡，上頭有照片與個人資料，遇到站務員查票時，必須持兩張卡一起查驗。離境前若沒退卡，下次再來巴黎旅遊時，仍可繼續使用。可於地鐵站和RER站櫃台或售票機購票。

巴黎交通卡週票與月票(單位：歐元€/每人)

區域	週票	月票
1~2區		
1~3區		
1~4區	30.75	86.4
1~5區		
2~4區		
2~5區		
3~5區		
2~3區	28.2	78.8
3~4區	27.3	76.8
4~5區	26.8	74.8

巴黎通行證Paris Visite

如果喜歡到處跑，建議買張巴黎通行證，分為1~3區、1~5區兩種，天數則有1、2、3、5日可選擇，在期限內不僅可以無限次搭乘地鐵、RER、巴士、火車等大眾運輸工具，而且參觀景點、搭乘觀光巴士或塞納河遊覽船都有折扣，不妨多加利用。需在通行證上填上使用日期和姓名後啟用。可於地鐵站和RER站櫃台或售票機、遊客服務中心購票。

巴黎通行證票價(單位：歐元€/每人)

區域	全票				優待票			
	1日	2日	3日	5日	1日	2日	3日	5日
1~3區	13.95	22.65	30.9	44.45	6.95	11.3	15.45	22.2
1~5區	29.25	44.45	62.3	76.25	14.6	22.2	31.15	38

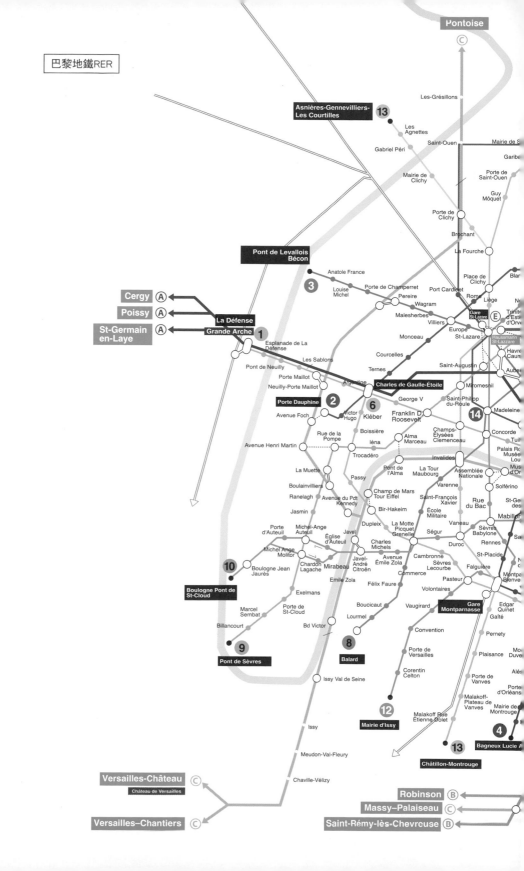

巴黎地鐵RER

大巴黎RER

A3 Cergy Le Haut
C1 Pontoise
Saint-Ouen-l'Aumône
Cergy Saint-Christophe
Saint-Ouen-l'Aumône–Liesse
Cergy Préfecture
Pierrelaye
Neuville Université
Montigny–Beauchamp
Conflans–Fin d'Oise
Franconville–Le Plessis-Bouchard
Achères–Ville
Cernay
Ermont–Eaubonne
Achères Grand Cormier
Saint-Gratien
Épinay-sur-Seine
A5 Poissy
Maisons-Laffitte
Gennevilliers
Saint-Denis
Sartrouville
Les Grésillons
Stade de France St-Denis
Houilles–Carrières-sur-Seine
Saint-Ouen
La Plaine Stade de France
Nanterre-Université
Nanterre Préfecture
Porte de Clichy
Saint-Germain-en-Laye **A1**
Nanterre-Ville
E1
Pereire Levallois
Gare du Nord
Magenta
Rueil-Malmaison
La Défense Grande Arche
Haussmann St-Lazare
Le Vésinet–Le Pecq
Neuilly - Porte Maillot
Auber
Le Vésinet–Centre
Porte Maillot
Charles de Gaulle Étoile
Châtelet Les Halles
Avenue Foch
Chatou Croissy
Avenue Henri Martin
Invalides
Musée d'Orsay
St Michel -Notre Dame
Boulainvilliers
Pont de l'Alma
Avenue du Pdt Kennedy
Champ de Mars Tour Eiffel
Luxembourg
Zone 5
Zone 4
Zone 3
Zone 2
Javel
Port-Royal
Pont du Garigliano
Denfert-Rochereau
Issy-Val de Seine
Cité Universitaire
Gentilly
Chaville–Vélizy
Issy
Laplace
Viroflay–Rive Gauche
Meudon Val-Fleury
Arcueil–Cachan
Porchefontaine
Fontenay aux-Roses
Bagneux
Versailles Château Rive Gauche **C5**
Sceaux
Bourg la-Reine
Saint-Cyr
Parc de Sceaux
Saint-Quentin-en-Yvelines **C7**
Versailles Chantiers **C8**
Petit Jouy Les Loges
Robinson **B2**
La Croix de Berny
Pont de Rungis Aéroport d'Orly
Jouy-en-Josas
Antony
Orly-Ville
Vauboyen
Fontaine-Michalon
Rungis La Fraternelle
奥利機場 1、2、3航廈 ORLY 1-2-3
Bièvres
Les Baconnets
Chemin d'Antony
Igny
Massy-Verrières
奥利機場 4航廈 ORLY 4
Palaiseau
Massy–Palaiseau
Palaiseau-Villebon
C2
Longjumeau
Savigny sur-Orge
Bures sur-Yvette
Orsay Ville
Le Guichet
Lozère
La Hacquinière
Chilly Mazarin
Épinay sur-Orge
Saint-Rémy-lès-Chevreuse **B4**
Gif sur-Yvette
Gravigny Balizy
Ste-Geneviève des-Bois
Courcelle sur-Yvette
Petit Vaux
St-Michel sur-Orge
La Norville Saint-Germain lès-Arpajon
Brétigny
Dourdan-la-Forêt **C4**
Dourdan
Sermaise
Saint-Chéron
Breuillet Village
Breuillet Bruyères le-Châtel
Égly
Arpajon
Marolles en-Hurepoix
Bouray
Lardy
Chamarande
Étréchy
Étampes
C6 Saint-Martin d'Étampes

玩巴黎吃什麼？

法式料理依各個區域而異，臨海的諾曼地和布列塔尼以海鮮著稱，蔚藍海岸更以馬賽魚湯為特色，與德國接鄰的亞爾薩斯一帶可以品嘗到當地的特色菜酸菜肉腸(Choucroute)，中部的勃艮第來說代表性食物為烤蝸牛(Escargots)和紅酒燉牛肉(Boeuf Bourguignon)，南部的庇里牛斯和朗格多克為白扁豆燴肉鍋(Cassoulet)代表…至於葡萄酒，更是法國最知名的美食良伴。

蛋捲和可麗餅
Omlette et Crêpe

除了端上桌的豐富料理外，法國的「輕食」也非常有特色，像是布列塔尼地區的傳統料理可麗餅，不但甜鹹皆有且口味變化多端，搭配當地到地的蘋果酒(Cidre)，更具吸引力。至於煎蛋捲，打入鐵桶中以人力大力攪動蛋液直至空氣釋放後，再平均的分配在平底鍋中於火爐上烘烤，其蛋捲口感細緻且質感鬆散、入口即化。

肝醬與抹醬
Foie Gras et Pâté

法國人也很喜歡肝醬和抹醬，其中鵝肝醬更是法國最知名的美食之一，其主要產區在法國南部的庇里牛斯和朗格多克一帶。抹醬是一種以肉和肝臟混合油脂、香料或蔬菜丁做成的食物，有時會放在陶罐中或包上麵皮烘烤，成果有點像肉凍或一塊肉醬，通常和肝醬一樣搭配沙拉或麵包，當作前菜食用。

葡萄酒和蘋果酒
Vin, Cognac et Cidre

法國擁有波爾多、勃艮第、隆河、羅亞爾河、亞爾薩斯等知名葡萄酒產區，此外在法國法律上享有特權的香檳區，更以「香檳」之名獨占氣泡酒市場，而另一種擁有產地唯一命名權的是干邑白蘭地(Cognac)，這種經蒸餾的葡萄酒，是烈酒愛好者口中的佳釀。如果喜歡低酒精濃度、喝起來酸酸甜甜的滋味，布列塔尼和諾曼第盛產的蘋果酒會是很好的選擇！

開 車 不 喝 酒 ， 安 全 有 保 障

海鮮
Fruit de Mer

因為西邊和東南邊臨海，使得法國不少地區的特色食物以海鮮為主，淡菜、螃蟹、各類魚蝦、螺類…像是布列塔尼的聖馬洛(St Malo)一帶的海域，以生蠔享譽全球。另外還有馬賽魚湯(Bouillabaisse)，使用龍騰魚(Vive)、海魴(St-Pierre)、海鰻(Congre)、紅魴(Galinette)和緋鯉(Rouget)等多種魚類烹煮而成。

麵包
Pain

麵包是另一樣傳遍全世界的法國食物，以致於提到麵包就很容易聯想到法國麵包。最經典的法國麵包是法式長棍(baguette)，因為法式長棍實在對法國人的生活太重要了，法律甚至規定了其成分和做法，只要不符合標準的麵包都不能稱作法式長棍。這種麵包口感乾硬，可以直接吃、抹奶油吃、沾濃湯吃或是拿來做三明治，有很多種吃法，也因此在法國隨處都可以見到。

乳酪
Fromage

法國乳酪多達500多種，幾乎是全世界製造乳酪的翹楚，根據風土民情的不同，各產區的乳酪也不盡相同，包括新鮮、洗式和白黴等等，其中最著名的要屬卡門貝爾乳酪(Camembert)了！該乳酪誕生於氣候溫和的諾曼第。

馬卡龍
Macaron

說到法式甜點第一個想到的一定是馬卡龍，酥軟適中、入口即化，因此即使小小一顆價格不便宜，仍有許多人為它著迷。

馬卡龍最早出現在義大利的修道院，但變成我們今天看到將上下兩個小圓餅夾餡的模樣，有一說是由巴黎Pierre Hermé甜點店的師傅發明的，也有人堅稱Ladurée才是法式馬卡龍的創始店，但不論哪種說法為真，這兩家的馬卡龍是公認全法國馬卡龍做得最好、也最出名的兩家。

肉類
Viande

在法國可以吃到各式各樣的肉類料理，其中家畜類又以牛肉和羊肉最常見，牛肉選擇眾多包括小牛肉、帶骨牛排、菲力牛排等，羊肉則有羊腿和腰肉排…家禽類最受歡迎的是雞肉，除了一般的烤雞外還有酒燜雞肉，另外鴨肉也是當地餐桌上常見的食物，其中又以油封鴨腿(Confit de Canard)最具特色。

烤田螺
Escargot

烤田螺這道料裡又叫做勃艮地田螺，在法式料理中通常是前菜。將醃漬過的田螺或是新鮮田螺放入烤盅，加點調味料，上面再鋪上大蒜奶油，有時會加上起司，這樣就是經典的烤田螺了。

玩巴黎買什麼？

身為全球知名的時尚之都以及眾多國際名牌的發源地，法國一直都是時尚話題與潮流的核心，來到這裡，一趟名品血拼之旅自是不可或缺的行程。此外，無論是專櫃或開架式保養品和化妝品，也是愛美人士法國購物清單上的必買項目。熱愛美食與美酒的法國人，更將飲食文化發展至巔峰，葡萄酒、香檳、松露、魚子醬…各類高級食材也成為不錯的伴手選擇。

時尚精品

Louis Vuitton的Monogram花紋皮件、Chanel的雙C Logo 菱格紋包、Cartier的珠寶與腕錶、Hermès的絲巾和柏金包、Chloé風格復古的鎖頭包、Longchamp實用又平價的折疊包，以及Christian Dior和Yves Saint Laurent洋溢優雅風情的服飾…這些讓人愛不釋手的國際名品，都是法國的「國產品牌」，不但在當地享有最優惠的價格，外籍遊客還可以獲得退稅的禮遇！

沐浴、香氛用品

歐舒丹(L'Occitane)是國人耳熟能詳的沐浴、香氛品牌，主打萃取自普羅旺斯的天然花草香，另一個同樣引進台灣的Olives & Co.,則主打地中海橄欖製品，它除了香皂、乳液、護唇膏等用品外，還跨足橄欖相關食品。創立於1961年的香氛品牌diptyque旗下光香氛蠟燭就多達50種，除了優雅的香氣、細緻的質感外，其手繪風格的標籤也洋溢著巴黎的人文氣息。如果想選擇平價且好用的品牌，則不妨試試Yves Rocher！

保養品和化妝品

從知名美妝品牌海洋娜(La Mer)、Sisley、蘭蔻(Lancôme)、Christian Dior、克蘭詩(Clarin's)…到開架式的的藥妝品牌薇姿(Vichy)、理膚保水(La Roche Posay)、亞漾(Avène)、歐緹麗(CAUDALIE)等，許多國人耳熟能詳的保養品和化妝品牌都誕生於法國，除了可以在百貨公司、免稅商店購買外，還可以在Pharmacie City Pharma或Para Shop、Marionnaud等大型連鎖藥妝店買到。

高級食材

松露、魚子醬、鵝肝醬、鹽之花、芥末…法國的高級食材令人眼花撩亂，在產地通常可以看見它們加入多樣調味變化的選擇，像是干邑白蘭地口味的芥末、混合松露的鹽之花、加入各種水果的肝醬、細分產地和口味的蜂蜜等，五花八門的讓遊客很容易就手滑。

風格紀念品

身為觀光大國，法國許多大城市或熱門景點都會生產相關紀念品供遊客收藏，像是巴黎的艾菲爾鐵塔、聖米歇爾山的修道院、羅亞爾河的各大城堡、波爾多的紅酒軟木塞…等造型的紙鎮、模型、鑰匙圈，或是琳瑯滿目印有「I Love XX」字樣或知名景點圖案的衣服、雨傘、筆記本和絲巾等物品，舉凡日常生活中用的、穿的、吃的、玩的，或單純裝飾的都有。

茶葉

如果你是香味茶的愛好者，絕對不能錯過Mariage Frères！這間由Henri和Edouard Mariage兩兄弟創立於1854年的茶葉公司，其淵源可追溯到17世紀的法國東印度公司時期，Mariage家族傳承了豐富的茶葉貿易知識與經驗，創辦了屬於自己的茶葉王國，打開琳瑯滿目的茶單，從綠茶、白茶到紅茶，單方、混合和花草茶齊備。

葡萄酒

身為世界知名葡萄酒產地、擁有悠久的葡萄酒生產歷史，昔日只有貴族得以飲用的葡萄酒，如今成為法國人日常生活中不可或缺的佐餐良伴。法國的主要葡萄酒產區包括波爾多、勃艮第、羅亞爾河河谷、隆河谷地等，以及以白酒著稱的亞爾薩斯、香檳聞名的香檳區、新酒打響名號的薄酒萊，甚至生產世界上最優質的蒸餾葡萄酒——白蘭地的干邑(Cognac)。

開車不喝酒，安全有保障

名畫複製品和舊海報

景色優美的法國激發了無數藝術家的靈感，莫內、塞尚、米勒、梵谷、畢卡索…都在法國留下深刻的足跡，因此在這些畫家之鄉或是法國的大大小小美術館中，都可以看見他們的複製畫或相關紀念品。此外，昔日的手繪舊海報複製品或明信片也是法國的一大特色，最常見的地方是巴黎塞納河畔的舊書攤和蒙馬特。

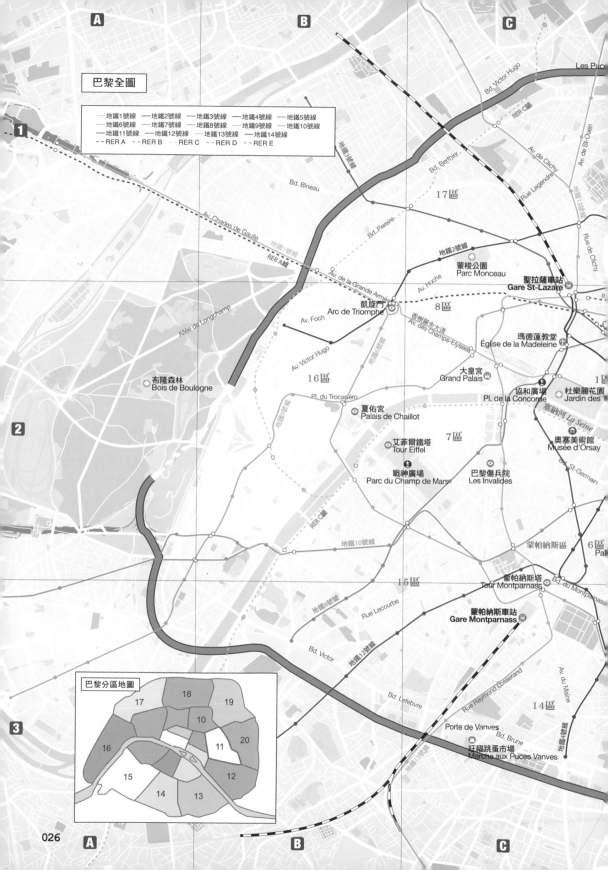

巴黎全圖

A B C

地鐵1號線　地鐵2號線　地鐵3號線　地鐵4號線　地鐵5號線
地鐵6號線　地鐵7號線　地鐵8號線　地鐵9號線　地鐵10號線
地鐵11號線　地鐵12號線　地鐵13號線　地鐵14號線
-- RER A　-- RER B　-- RER C　-- RER D　-- RER E

17區

Bd. Victor Hugo

Les Puce

RER 鐵

Av. de St-Ouen

Av. de Clichy

Bd. Berthier

Rue Legendre

Av. Hoche

Rue de Clichy

Bd. Bineau

地鐵2號線

蒙梭公園
Parc Monceau

聖拉薩車站
Gare St-Lazare

Av. Charles de Gaulle

RER A線

Av. de la Grande Armé

8區

凱旋門
Arc de Triomphe

香樹麗舍大道
Av. des Champs-Elysées

瑪德蓮教堂
Église de la Madeleine

Allée de Longchamp

Av. Foch

Av. Victor Hugo

16區

布隆森林
Bois de Boulogne

大皇宮
Grand Palais

協和廣場
Pl. de la Concorde

杜樂麗花園
Jardin des T

塞納河 La Seine

奧塞美術館
Musée d'Orsay

Pl. du Trocadéro

夏佑宮
Palais de Chaillot

7區

Rue St-Germain

艾菲爾鐵塔
Tour Eiffel

戰神廣場
Parc du Champ de Mars

巴黎傷兵院
Les Invalides

RER C鐵

地鐵10號線

蒙帕納斯區

6區
Pa

15區

蒙帕納斯塔
Tour Montparnass

地鐵8號線

Rue Lecourbe

地鐵12號線

蒙帕納斯車站
Gare Montparnass

Bd. Victor

Bd. du Montparnass

Av. du Maine

14區

Bd. Lefebvre

Rue Raymond Losserand

Porte de Vanves

Bd. Brune

地鐵13號線

旺福跳蚤市場
Marche aux Puces Vanves

巴黎分區地圖

17 | 18 | 19
16 | 10 | 20
15 | 11
14 | 13 | 12

A B C

安跳蚤市場
Saint-Quen

Porte de Clignancourt

D

E

F

Bd. Ney

Rd. Macdonald

RER E線

Porte de la Villette

1

18區

RER B線

地鐵4號線

地鐵12號線

Rue Riquet

Av. de Flandre

Rue d'Aubervilliers

Canal de l'Ourcq

葉維特公園
Parc de la Villette

聖心堂
Basilique de
Sacré-Coeur

蒙馬特

Bassin de la Villette

地鐵5號線

Av. Jean Jaurès

Porte de Pantin

地鐵7號支線

9區

北站
Gare du Nord

Place de Stalingrad

19區

Bd. Mortier

加尼葉歌劇院
ra de Garnier

東站
Gare de l'Est

Canal St. Martin

美鎮
Belleville

地鐵7號線

2區

10區

地鐵11號線

皇家宮殿
Palais Royal

Bd. Sébastopol

Bd. Jules Ferry

地鐵2號線

地鐵3號線

Bd. Mortier

羅浮宮
ée du Louvre

Rue de Rivoli

3區

瑪黑區

Centre Pompidou

11區

地鐵9號線

20區

拉榭思神父墓園
Cimetière du Père-Lachaise

Bd. Mortier

2

西提島
Île de la Cité

巴黎聖母院
Cathédrale Notre-Dame
de Paris

聖路易島
Île St-Louis

巴士底廣場

巴士底歌劇院
Opéra Bastille

4區

盧森堡宮
du Luxembourg

拉丁區

萬神殿
Panthéon

塞納河 La Seine

地鐵10號線

里昂車站
Gare de Lyon

Bd. Diderot

國家廣場

地鐵1號線

RER A線

Bd. St-Michel

5區

地鐵14號線

12區

地鐵5號線

RER D線

Bd. Soult

RER B線

植物園
Jardin des Plantes

奧斯特里茲車站
Gare d'Austerlitz

Av. des Gobelins

貝西車站
Gare de Bercy

Porte
Dorée

Bd. Vincent Auriol

地鐵6號線

Bd. Poniatowski

地鐵7號線

13區

RER C線

文森森林
Bois de Vincennes

3

Bd. René Coty

Rue de Tolbiac

Rue Nationale

Bd. Masséna

地鐵8號線

Bd. Jourdan

Bd. Kellermann

N

D

E

F

走進巴黎最美的風景，感受花都的魅力。

凱旋門和艾菲爾鐵塔
Entre de l'Arc de Triomphe - Tour Eiffel

凱旋門
和艾菲爾鐵塔

凱旋門是巴黎的代名詞，為拿破崙而建的凱旋門，迄今風光依舊，雄偉的門面和雕刻永遠是令人驚嘆的焦點。而要體會巴黎的浪漫風情，可以在天幕低垂之際登上艾菲爾鐵塔，等待星辰交替的城市夜景，欣賞巴黎沉靜之美，或是將艾菲爾鐵塔當成主角，無論是從夏佑宮或戰神公園兩地取景，這個當地人口中的「巴黎貴婦」(La Grande Dame de Paris)，都是極為經典的明信片畫面。

除了凱旋門和艾菲爾鐵塔，這一區的香榭麗舍大道亦是巴黎的代名詞，今日街上掩映於法國梧桐樹和栗樹綠蔭下的名牌旗艦店、國際連鎖服飾、百年甜點店…更賦予遊客不得不造訪的極大誘因。

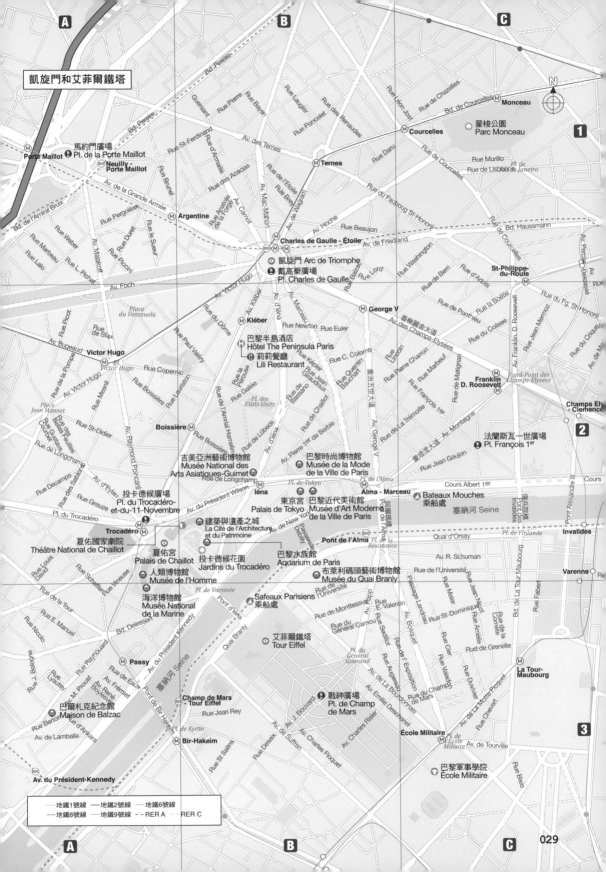

凱旋門和艾菲爾鐵塔

Bd. Pereire

Rue Laugier

Rue des Renaudes

Bd. de Courcelles

Monceau

蒙梭公園
Parc Monceau

Guersant

Rue Pierre

Rue Bayen

Courcelles

Rue de Courcelles

Av. des Ternes

Rue Danu

馬約門廣場
Pl. de la Porte Maillot

Rue St-Ferdinand

Rue d'Armaille

Rue de l'Étoile

Rue de Lisbonne

Pl. de Janeiro

Rue Murillo

Porte Maillot

Neuilly -
Porte Maillot

Rue Brunel

Rue des Acacias

Rue de l'Étoile

Rue Brey

Ternes

Rue du Faubourg St-Honoré

Rue de Courcelles

Av. de la Grande Armée

Rue Anatole

Av. Mac Mahon

Av. de Wagram

Av. Carnot

Argentine

Rue Pergolèse

Rue le Sueur

Rue Duret

Av. Hoche

Rue Beaujon

Bd. Haussmann

Bd. de l'Amiral Bruix

Rue Weber

Rue Picciot

Charles de Gaulle - Étoile

Av. de Friedland

St-Philippe-
du-Roule

Rue Marbeau

Rue L. Plichat

凱旋門 Arc de Triomphe

Rue Balzac

Rue de Berri

Rue d'Artois

Rue du Fg. St-Honoré

Rue Lalo

Rue Malakoff

戴高樂廣場
Pl. Charles de Gaulle

Rue Lord

Rue Washington

Rue de Ponthieu

Rue la Boétie

Rue Marbeau

Place
du Venezuela

Av. Victor Hugo

Av. Kléber

Rue d'Iéna

George V

香榭麗舍大道
Av. des Champs-Elysées

Rue du Colisée

Av. Bugeaud

Rue du Dôme

Kléber

Rue Newton

Rue Euler

Rue Lincoln

Rue Pierre Charron

Rue Marbeuf

Franklin
D. Roosevelt

Rond-Point des
Champs-Elysées

Victor Hugo

Rue de Sfax

巴黎半島酒店
Hôtel The Peninsula Paris

Rue C. Colomb

Rue Kléper

Rue Quentin

Rue de Matignon

Rue Copernic

莉莉餐廳
Lili Restaurant

Rue Jean
Giraudoux

Rue François 1er

Victor Hugo

Rue Paul Valéry

Rue Gellèe

Rue de Bassano

Place
Jean Monnet

Rue Boissière

Rue Lauriston

Pl. des
États Unis

Rue de Chaillot

Av. Georges V

Rue de La Trémoille

Av. Montaigne

Champs Ely
- Clemence

Rue St-Didier

Boissière

Rue Boissière

Rue de Lübeck

Rue Pierre 1er de Serbie

Rue Jean Goujon

法蘭斯瓦一世廣場
Pl. François 1er

Rue Decamps

Av. d'Eylau

吉美亞洲藝術博物館
Musée National des
Arts Asiatiques-Guimet

Rue de Longchamp

巴黎時尚博物館
Musée de la Mode
de la Ville de Paris

Cours Albert 1er

Cours

投卡德侯廣場
Pl. du Trocadéro-
et-du-11-Novembre

Av. du Président Wilson

Iéna

Pl. de Tokyo

Alma - Marceau

Bateaux Mouches
乘船處

塞納河 Seine

Pl. du Trocadéro

東京宮
Palais de Tokyo

巴黎近代美術館
Musée d'Art Moderne
de la Ville de Paris

Pl. de l'Alma

Invalides

Trocadéro

建築與遺產之城
La Cité de l'Architecture
et du Patrimoine

Av. de New York

Pont de l'Alma

Pl. de la
Résistance

Quai d'Orsay

Pl. de Finlande

夏佑國家劇院
Théâtre National de Chaillot

夏佑宮
Palais de Chaillot

投卡德侯花園
Jardins du Trocadéro

巴黎水族館
Aquarium de Paris

Av. R. Schuman

Varenne

Rue de l'Université

人類博物館
Musée de l'Homme

Pl. de Varsovie

布萊利碼頭藝術博物館
Musée du Quai Branly

海洋博物館
Musée National
de la Marine

Bd. Delessert

Safeaux Parisiens
乘船處

Rue de Monttessuy

Rue de l'Université

Rue du
Général Camou

Rue St-Dominique

La Tour-
Maubourg

Rue E. Manuel

Pont d'Iéna

Rue Jean Nicot

Rue Cler

Rue de Grenelle

Quai Branly

艾菲爾鐵塔
Tour Eiffel

Pl. du
Général
Gouraud

Av. de La Bourdonnais

Av. du Champ
de Mars

Passy

Quai Branly Seine

塞納河 Seine

Av. de Suffren

Av. Charles Floquet

École Militaire

Rue Raynouard

巴爾札克紀念館
Maison de Balzac

Champ de Mars
- Tour Eiffel

戰神廣場
Pl. de Champ
de Mars

Av. de Tourville

Av. de Lamballe

Bir-Hakeim

Av. de La Motte-Picquet

巴黎軍事學院
École Militaire

地鐵1號線   地鐵2號線   地鐵6號線
地鐵8號線   地鐵9號線   RER A   RER C

雄偉壯觀的凱旋閃，
象徵著法國的榮耀

王牌景點 ①

造訪凱旋門理由

1 巴黎的代表性地標

2 凱旋門頂樓觀景台有很好的視野，是欣賞巴黎市景的好選擇。

3 外部描述拿破崙豐功偉業的精美雕刻

凱旋門和艾菲爾鐵塔：凱旋門

MAP P.29 B1

凱旋門

Arc de Triomphe

凱旋門是為了紀念拿破崙一連串軍事勝利而建，讓軍隊凱旋歸來時能在此接受民眾的歡迎，當時委任建築師尚・夏勒格林(Jean Chalgrin)設計，靈感來自羅馬的康斯坦丁凱旋門(Arco di Costantino)。

然而1806年奠定凱旋門的首座基石後，卻因拿破崙於1815年失勢，使得建設工程延滯不前，直到1836年路易─菲利浦(Louis-Philippe,1773~1850)在位時期，才完成了這座高50公尺、寬45公尺的宏偉拱門，拿破崙的遺體和軍隊也終於在1840年通過這道凱旋門。

裝飾於凱旋門上方的雕刻是不能錯過的欣賞重點，內容多在描繪拿破崙帝國出征勝利事蹟。

拱門內部的牆壁上則記載了所有帝國軍隊將領的姓名。

凱旋門所在的戴高樂廣場，是巴黎12條大道的交叉衢口，其中部份大道便是以法國知名將領為名。

怎麼玩
凱旋門才聰明？

博物館通行證

巴黎博物館通行證(Paris Museum Pass)適用於凱旋門，可以省下排隊買票的時間和門票錢。

建築細節

看懂建築物內外的**裝飾和雕刻**。

最佳拍照角度

香榭麗舍大道上的中央分隔島可以拍到正面的凱旋門全景，此外紅燈時在斑馬線上也可以拍到，不過一定要遵守交通規則，注意安全！

Did YOU KnoW

CELINE的商標靈感來自凱旋門！？

想要品牌成功，行銷得要搶先機！當年CELINE創辦人Celine Vipiana行經凱旋門時，發現阻車的鏈子圖案，近似品牌字母「C」，於是即刻向政府申請將鎖鏈圖形作為他們的品牌識別，讓所有來到凱旋門的遊客，都能看到CELINE。

至少預留時間
只想隨意逛逛：0.5小時
登上頂樓觀景台：1小時

搭地鐵1、2、6號線或RER A線於Charles de Gaulle-Étoile站下，出站即達。

⌂Place Charles-de-Gaulle 75008 Paris
☎01 55 37 73 77
🕐凱旋門24小時；頂樓觀景台4~9月10:00~23:00、10~3月10:00~22:30，售票至關閉前45分鐘。
㊡1/1、5/1、5/8上午、7/14上午、11/11上午、12/25。
💰凱旋門免費，頂樓觀景台全票€13、優待票€11。
🌐www.paris-arc-de-triomphe.fr

凱旋門和艾菲爾鐵塔：凱旋門

必看重點

精美的雕刻和觀景台，欣賞凱旋門的不同角度。

1 無名戰士墓 Tombe du Soldat Inconnu

凱旋門拱廊下方，埋葬了在一次世界大時期犧牲陣亡的無名戰士，從1920年至今，紀念火焰和鮮花花束從未間斷。

2 頂樓觀景台 La Plate-forme

買票可登上284階的凱旋門頂樓，從這裡可眺望整個巴黎市區，包括從東邊香榭麗舍大道(Avenue des Champs-Élysées)望至羅浮宮(Musée du Louvre)，西邊則可以遠眺至拉德芳斯(La Défense)的新凱旋門(Grande Arche)。

3 馬梭將軍葬禮雕刻 Les Funérailles du Général Marceau

由雕塑家亨利‧勒梅爾(Henri Lemaire)所雕刻，描述馬梭將軍在阿爾騰基興戰死後，人們在他葬禮致敬的情景。

4 1972年志願戰士役雕刻 Le Départ des Volontaires de 1792

這塊位於立面右方的大型雕塑是法國大雕刻家法蘭斯瓦‧路德(Fran ois Rude)的經典作品(又名「馬賽曲」，後來法國國歌便是以此為靈感)，它描述市民勇敢組成志願軍，出兵抵抗奧地利和普魯士的侵略，是凱旋門的雕刻作品中最知名的一件。

5 簷壁雕刻 La Frise

位於簷壁下的長形雕飾描述戰爭場景，東側描述法軍英勇出征，西側則是凱旋而歸。

 6 奧斯特利茲戰役雕刻
La bataille d'Austerlitz

北側這座雕像描述拿破崙在奧地利奧斯特利茲的破冰之役，當時造成上萬敵軍溺斃，法軍成功凱旋。

 7 阿布基戰役雕刻
La bataille d'Aboukir

歌頌拿破崙1799年在阿布基(Aboukir)這個地方大敗土耳其，為藝術家Seurre之作。

 8
Les Trente Boucliers
三十盾牌

頂端下方有30個盾牌，盾牌上分別是拿破崙在歐洲和非洲大獲全勝的每個戰役名字。

 9 拿破崙凱旋雕刻
Le Triomphe de 1810

位於立面左方的大型雕像，慶祝拿破崙王朝的全盛時期重要功績——1810年維也納和平條約的簽署。此為雕像家Cortot的作品，雕像中勝利女神正將桂冠賜予拿破崙。

凱旋門和艾菲爾鐵塔：凱旋門

巴黎人的生活縮影，浪漫的大道和悠閒的公園。

香樹麗舍大道
Avenue des Champs-Élysées

MAP
P.29
B2,C2

如何前往
搭地鐵1、2、6號線或RER A線於Charles de Gaulle-Étoile站下，或搭地鐵1號線於George V站下，或搭地鐵1、9號線於Franklin D. Roosevelt站下，或搭地鐵1、13號線於Champs-Élysées-Clemenceau站下，皆出站即達。

info
◎各店不一，約週一～週六9:00~19:00。㊡週日。

巴黎在16世紀拓建香樹麗舍大道時，中間是12線行車道，之外是兩線安全島，然後是兩線慢車道，再之外是各寬21公尺的人行道，足堪降落世界最大的飛機，1980年真的有一架727飛機降下來，但那是法國政府搞觀光宣傳而已。

今日的香樹麗舍大道是觀光客眼中巴黎大道的代名詞，掩映於法國梧桐樹和栗樹綠蔭下，是一家家的精品、服飾店、咖啡店和餐廳，來這裡壓壓馬路也成為每位來巴黎的人必做的事。

凱旋門和艾菲爾鐵塔：凱旋門

從凱旋門到協和廣場之間的香樹麗舍大道全長約3公里，如從協和廣場這頭看，它有點微微隆起，最高點就是凱旋門。

Did YOU KnoW

全世界最貴的黃金地段！

香榭麗舍大道上每天都是川流不息的觀光客，商機無限，因此寬廣的林蔭大道開滿了精品和各大品牌的旗艦店，商用租金也居高不下。根據統計這裡店面的租金和紐約的第五大道、香港銅鑼灣的羅素街排在全球最貴的前三名，可以說是寸土寸金。

蒙梭公園
Parc Monceau

如何前往

搭地鐵2號線於Monceau站下，出站即達。

info

🏛35 Bd de e Courcelles 75008 Paris ㊚免費

位於巴黎第8區的蒙梭公園廣達12公頃，是1769年由夏特公爵Phillippe d'Orléans委託藝術家Louis Carrogis Carmontelle所設計，由於Carmontelle一直對英國藝術有所鍾情，於是以許多彎曲人行步道和不經意擺放的雕像藝術品，將它打造成一座英式花園，強調與自然和諧融入。

花園後來在1860年收歸巴黎市政府所有，也縮小了一半的面積，但這完全無損巴黎人對它的喜愛，無論晨昏，經常有人來到這裡溜狗和散步！

印象派大師莫內(Claude Monet,1840~1926)特別喜歡前來這裡作畫，也曾創作了以《蒙梭公園》為名的精采畫作。

雖然是英式花園，其實園內還是有一些出人意表的設計擺設，像是荷蘭風車、希臘廊柱、羅馬神殿等等…讓這座公園處處充滿驚喜。

巴黎地標艾菲爾鐵塔，　　浪漫的代名詞

王牌景點 2

造訪艾菲爾鐵塔理由

1 法國的代表性地標

2 登上頂層觀景台，從巴黎的最高點欣賞市景。

3 欣賞塞納河沿岸風光

白天視野佳時，在塔頂可遠眺72公里遠處。不過最好的觀賞時機當然是趕在黃昏前爬上鐵塔，可同時欣賞白天與夜晚時截然不同的景色！

凱旋門和艾菲爾鐵塔：艾菲爾鐵塔

MAP
P.29
B3

艾菲爾鐵塔
Tour Eiffel

　為萬國博覽會而建的艾菲爾鐵塔高320公尺，自1887年到1931年紐約帝國大廈落成前，保持了45年世界最高建築物的地位，目前仍是巴黎最知名的地標。

　頂層只能搭乘電梯前往，如果打算「攻頂」，最好在抵達2層時就先加入排隊等電梯的隊伍，一邊排隊一邊欣賞風景以節省時間，畢竟旺季時排上1~2個小時的隊伍稀鬆平常。在抵達276公尺高的頂層後，就可以慢慢欣賞巴黎的景物了。

成就兩大世界奇景的男人

1884年，被拆解的自由女神像分裝於214只木箱中，橫越大西洋送抵曼哈頓組裝。然而組裝時結構與力學上的問題，遠遠超出工作團隊的能力，最後由法國工程師艾菲爾(Alexandre Gustave Eiffel)解決了看似無解的問題。艾菲爾在雕像內設計了一座巨大的塔樓，塔樓中心由4支鋼鐵直柱構成，柱子之間則以水平和斜對角的橫樑連結起來。

在此之前，這樣的結構設計以及金屬材質只在橋樑工程中使用過。透過種種巧妙設計，不但自由女神像在1886年順利完工，也讓艾菲爾獲得足夠知識及靈感，第二年便回到法國著手另一座舉世聞名的地標——艾菲爾鐵塔。

EIFFEL
1832-1923

Did YOU KnoW

鐵塔自己會移動！？

別擔心，這不是靈異事件！由於艾菲爾鐵塔採用7300公噸的熟鐵建構，因為熱脹冷縮的原理，所以鐵塔靠近太陽的那一面，不時會往遠離太陽的方向移動，最多不超過18公分。

以防範強風吹襲的對稱鋼筋設計著稱，兼具實用與美感考量。

艾菲爾鐵塔共分3層，第2層可以爬樓梯或搭電梯的方式抵達，這裡的高度還不算太高，可以清楚辨識出巴黎的其他主要地標物。

至少預留時間
只是拍照、打卡：0.5小時
登上第二層和頂層：1.5~2.5小時

搭地鐵6號線於Bir-Hakeim站下步行約9分鐘、地鐵8號線於Ecole militaire站下步行約11分鐘，或搭地鐵9號線於Trocadéro站下步行約16分鐘，搭RER C線於Champ de mars - Tour Eiffel站下步行約7分鐘。

☎0892 70 12 39
🕐6月中~8月電梯9:00~00:00(最後入場23:45)、樓梯9:00~23:45，9月~6月中9:30~23:00(最後入場22:45)、樓梯9:30~17:30。
💶電梯至第2層全票€18.8、優待票€4.7~9.4，頂層全票€29.4、優待票€7.4~14.7；樓梯至第2層全票€11.8、優待票€3~5.9，樓梯至第2層，電梯至頂層€22.4、優待票€5.7~11.2。4歲以下免費。
🌐www.toureiffel.paris

夜間燈光秀

每天日落後到23:00的整點時刻會有**持續5分鐘**的燈光秀。

最佳欣賞角度

戰神廣場、夏佑宮和**Bir hakeim橋**是3個欣賞艾菲爾鐵塔的熱門地點。

網路預定 門票可以提前**上網預訂**，旺季時建議至少提前1個月預訂，此外預算充足可以購買免排隊的快速通關票。

別忘了參觀頂層的神秘房間！在艾菲爾鐵塔的頂層有個小房間，原先為建築師艾菲爾的房間，1899年9月大發明家愛迪生還遠來拜訪過呢！如今屋內放有艾菲爾、女兒克萊兒和愛迪生的蠟像重現當時的場景。

欣賞艾菲爾鐵塔的絕佳地點，巴黎人最愛的廣場和充滿設計感的博物館。

MAP P.29 B3

戰神廣場
Parc du Champ de Mars

如何前往

搭地鐵8號線於École Militaire站下，步行約1~2分鐘；搭RER C線於Champ de mars - Tour Eiffel站或Pont de l' Alma站下步行約10分鐘。

16世紀時，這裡還只是塊不起眼的葡萄園，到了18世紀，才被當成軍事訓練和演習的場地。戰神廣場見證了法國歷史上諸多重要事件，例如1790年7/14的「巴士底監獄日」(Bastille Day，也就是後來的法國國慶日)、1791年抗議法王路易下台的請願活動，1804年拿破崙一世的出征儀式，以及1837年奧爾良公爵的婚禮，更因五度入選為萬國博覽會的會場，讓它的外觀或面積多次部份重建與修改。此外，戰神廣場也被2024巴黎奧運選定為沙灘排球賽場。

見證歷史的悠閒綠地

從塞納河畔的艾菲爾鐵塔一直延伸至軍事學校(École Militaire)的戰神公園廣達24.5公頃。

今日的戰神公園是座完全開放式空間，沒有門籬的設計拉近了和市民的距離，是巴黎人喜愛的散步、休憩場所。

戰神廣場也是取景艾菲爾鐵塔的最佳拍攝角度之一，早上前來，光線最佳；在夜晚拍攝也別有一番風味。

布萊利碼頭藝術博物館

MAP P.29 B2

Musée du Quai Branly

如何前往

搭地鐵9號線於Alma-Marceauc站下，步行約8分鐘；或搭RER C線於Pont de l'Alma站下，步行約3分鐘。

info

📍37 Quai Branly 75007 Paris ☎01 56 61 70 00 ⏱10:30~19:00（週四至22:00） 🚫週一、5/1、12/25 💰常設展與特展套票全票€14、優待票€11。每月第一個週日免費入場。 🌐www.quaibranly.fr

坐落於塞納河畔的布萊利碼頭藝術博物館，占地約4萬平方公尺，落成於2006年，館藏以非洲、美洲、大洋洲和亞洲原住民藝術為主，風格迥異於西方國家常見的文物收藏，因此它的開幕讓巴黎人眼睛為之一亮。

拍攝艾菲爾鐵塔全貌的好選擇
由於博物館距離艾菲爾鐵塔非常近，從博物館內部可以看到高聳的艾菲爾鐵塔，建議可來此取景，搭配設計感十足的博物館，讓畫面更加豐富。

在這裡，近30萬件文物，在動線流暢的主展場，以地區分門別類展示，而除了靜藏展覽，也有影音導覽、舞蹈、戲劇和音樂表演等，讓遊客能以更生動活潑的方式，了解這些精采的藝術文化遺產。

凱旋門和艾菲爾鐵塔：艾菲爾鐵塔

法國建築師Jean Nouvel以充滿現代感的設計賦予博物館獨特的面貌，包括爬滿藤蔓蕨類的外牆和足以映射周邊風光的玻璃帷幕建築。

建築與館藏同樣驚艷

綠意盎然的花園造景、結合環保與現代化的時尚設計，和內部的原始藝術典藏產生強烈的對比，一時間掀起一股仿傚風潮。

種類涵括了雕刻、面具、生活器具、宗教祭器、樂器⋯各種過去生活在這些土地上的原始文物，一一重現於世人眼前，充滿質樸的趣味。

欣賞艾菲爾鐵塔的最佳角度，
還有內容豐富的博物館。

TOUT · HOMME · CRÉE · SANS · LE · SAVOIR
COMME · IL · RESPIRE
MAIS · L'ARTISTE · SE · SENT · CRÉER
SON · ACTE · ENGAGE · TOUT · SON · ÊTRE
SA · PEINE · BIEN-AIMÉE · LE · FORTIFIE

凱旋門和艾菲爾鐵塔：夏佑宮

◉ MAP P.29 A2　**夏佑宮**
Palais de Chaillot

為了迎接1937年的萬國博覽會，巴黎興
建立了夏佑宮，建築主體分為東西兩翼兩
座近200公尺長的弧形建築，其以張開雙
臂之姿擁抱著投卡德候花園(Jardins du
Trocadéro)，往前則是塞納河，再往前艾菲
爾鐵塔高聳矗立，如此巧奪天工的視野和
設計，讓夏佑宮在博覽會結束後，仍成為遊
客不可錯過的參觀焦點，而這棟宏偉的建
築，後來也改設成多座博物館的家，有興趣
的人，除了賞景拍照外，也可進行一場精采
的博物館巡禮。

怎麼玩
夏佑宮才聰明?

欣賞艾菲爾鐵塔

夏佑宮的位置正對著塞納河和鐵塔,是公認**和鐵塔合照的最佳地點**。

1948年在聯合國大會在夏佑宮通過了世界人權宣言,夏佑宮前的廣場因此被稱為人權廣場(esplanade des droits de l'homme)。

留意扒手 無論白天或夜晚,夏佑宮周邊皆充滿前來欣賞艾菲爾鐵塔的人潮,也因此這裡的扒手特別猖獗。在專心拍照之際,也要**留意身邊財物**。

夜貓族的好去處

大部分的景點入夜後就關了,但是**東京宮的開放時間一直到晚上10點**!如果晚上想看展沒地方去,去東京宮就對了!

至少預留時間
只想隨意逛逛:0.5小時
參觀東翼和西翼的博物館:2~3小時

搭地鐵6、9號線於Trocadéro站下,步行約1分鐘。
⊙ 1 place du Trocadéro et du 11 novembre 75116 Paris ●24小時

凱旋門和艾菲爾鐵塔:夏佑宮

內容豐富的景點，有不同主題的博物館、歌劇院
和美麗的花園。

海洋博物館陳設各種與海洋有關的文物，像是船隻模型、雕刻、繪畫、造船演進、技術和歷史。

西翼

⌖ 17 Place du Trocadéro

◎海洋博物館

☎01 53 65 69 48　⏰11:00~19:00　㊡週二，1/1、5/1、7/14、12/25。　💲常設展全票€12、優待票€10，常設展和特展套票全票€15、優待票€11；線上購票可折扣€1。　🌐www.musee-marine.fr

◎人類博物館

☎01 44 05 72 72　⏰11:00~19:00　㊡週二，1/1、5/1、7/14、12/25。　💲常設展和特展套票全票€15、優待票€12，25歲以下免費。　🌐www.museedelhomme.fr

在夏佑宮的西翼擁有兩間大型博物館——海洋博物館(Musée National de la Marine)和人類博物館(Musée de l'Homme)，前者於1827年創立，從這座博物館可以認識法國的海事發展，不論在戰爭或是商業層面，都曾在歷史上占有重要的地位；後者以人類學和考古學為主題，館內以豐富的文獻和收藏品，探究人類的演進和發展。

相似的博物館

人類博物館目前有部份文物已移至布萊利碼頭藝術博物館展出，如果喜歡這些文物兩間博物館都很值得參觀。

凱旋門和艾菲爾鐵塔：夏佑宮

東翼

📍 1 Place du Trocadéro et du 11 Novembre
◎ 建築與遺產之城
☎ 01 58 51 52 00
🕚 11:00~19:00(週四至21:00)
🚫 週二、1/1、5/1、7/14、12/25。
💰 常設展全票€9、優待票€6,常設展與特展套票全票€12、優待票€9,18歲以下免費。
🌐 www.citedelarchitecture.fr
◎ 夏佑國家劇院
👁 視表演而異
💰 視表演而異

建築與遺產之城(La Cité de l'Architecture et du Patrimoine)和夏佑國家劇院(Théâtre National de Chaillot)位於東翼,前者於2007年成立,近1萬平方公尺的展區展示了法國從12世紀至現代有關歷史古蹟、建築和城市設計的文物和作品,後者是法國文化部指定做為巴黎4個國家劇院的其中之一,在此可以欣賞到一流的戲劇、舞蹈和時尚秀等各式藝文表演。

凱旋門和艾菲爾鐵塔：夏佑宮

 **投卡德候花園**
Jardins du Trocadéro

🕚 24小時 💰 免費
有著美麗的草坪、花園和噴泉,這片朝著塞納河延伸的綠地風景優美,是1937年時Expert建築師為萬國博覽會改建的結果,原本聳立於其中的犀牛和大象雕刻已於1986年時搬到奧塞美術館入口前的廣場。

現代藝術之旅，參觀不完的博物館和美術館！

MAP P.29 A3 巴爾札克紀念館
Maison de Balzac

如何前往
搭地鐵6號線於Passy站下，步行約7分鐘、地鐵9號線於La Muette站下，步行約9分鐘；搭RER C線於Avenue du Président Kennedy站或Boulainvilliers站，步行約5~7分鐘。

info
🏠47 Rue Raynouard Paris ☎01 55 74 41 80
🕐10:00~18:00 ❌週一、1/1、5/1、12/25
💰全票€10、優待票€8，18歲以下免費，花園免費參觀。
🌐www.maisondebalzac.paris.fr

　　巴爾札克(Honoré de Balzac, 1799~1850)是一位多產的小說家，他在1840~1847年間為了躲債而避居於此。1949年這裡改建為紀念館，書房內展示著當時的家具和作家生前使用的物品，其中包括珍貴的手稿。

　　巴爾札克一生有不少風流韻事，其中與

人物房中可看到出現於《人間喜劇》(Comédie Humaine)中的眾多角色，該書因為描繪人物為超過2,400人，被稱為是法國社會的「百科全書」。

昂斯卡夫人(Madame Hanske)間的情史最為人津津樂道，他們通信長達18年，巴爾札克卻在兩人婚後5個月去世，紀念館中保存了兩人的通信紀錄，讓人對作家的一生和感情生活有更進一步的認識。

Did YOU KnoW

羅丹美術館也看得到巴爾札克喔！

法國作家協會為了紀念巴爾札克，委請藝術家羅丹雕作塑像，當時羅丹讀遍巴爾札克所有作品，並塑出他心裡認為的「巴爾札克」，不合比例的頭部上，臉上有著豐富的表情，傳達出不合當時傳統的美學。儘管遭受批評，但羅丹依然認為這是代表他的重生作品。

巴黎時尚博物館
Musée de la Mode de la Ville de Paris

如何前往
搭地鐵9號線於Iéna站或Alma Marceau站下，皆步行約3~5分鐘；搭RER C線於Pont de l'Alma站下，步行約8分鐘。

info
⌂ 10 Avenue Pierre 1er de Serbie Paris
☎ 01 56 52 86 00
◷ 10:00~18:00(週四至21:00)
✖ 週一、1/1、5/1、12/25
$ 全票€15、優待票€13，18歲以下免費。
🌐 www.palaisgalliera.paris.fr

　　這座博物館最初的構想來自於誕生在今日義大利熱那亞(Genova)的女貴族嘉黎耶拉公爵夫人。她的丈夫過世後留下了大筆財產，為了保存該家族的藝術收藏，她決定自費成立一座博物館，但夫人在該博物館落成前便已過世，而她的收藏最後也因故落腳於義大利的Palazzo Rosso和Palazzo Bianco。此情形使落成於1894年的博物館缺乏展品，因此成為各項特展的展覽場所，直到1977年時，才出現這座以法國18世紀至今時尚設計與服飾為主題的博物館。

建築師Léon Ginain以公爵夫人在熱那亞的老家為靈感，打造了這棟義大利文藝復興風格的建築。

凱旋門和艾菲爾鐵塔：夏佑宮

羅伯特·德勞內Robert Delaunay的《巴黎市》(La Ville de Paris)。

蒙德里安(Amedeo Modigliani)的《藍眼的女人》(The woman with blue eyes)。

勞爾·杜飛(Raoul Dufy)的《電氣神怪》(La Fée Electricité)。

巴黎近代美術館
Musée d'Art Moderne de la Ville de Paris

MAP P.29 B2

如何前往

搭地鐵9號線於Iéna站或Alma Marceau站下，皆步行約3~5分鐘；搭RER C線於Pont de l'Alma站下，步行約8分鐘。

info

⌂11 Avenue du Président Wilson Paris

☎01 53 67 40 00

🕐10:00~18:00(週四特展至21:30)，售票至閉館前45分鐘。

⊗週一、1/1、5/1、12/25

💲常設展免費、特展視展覽而異。

🌐www.mam.paris.fr

巴黎近代美術館位於東京宮的東翼，收藏了許多20世紀現代藝術大師的作品。這裡也是1937年巴黎博覽會的展覽館之一。美術館最有名的收藏是格列茲(Albert Gleizes)的《沐浴者》、梅金傑

Did YOU KnoW

下落不明的五幅畫作

法國蜘蛛大盜托米奇曾經從這裡偷走五幅名畫，儘管已經被抓，並且判刑8年與罰緩1.1億美元，但是畫作依然不知所蹤。這五幅館藏分別為：

①雷赫爾《靜物與燭台》。

②畢卡索《乳鴿與青豆》。

③馬蒂斯《田園畫》。

④布拉克《艾思塔克附近的橄欖樹》。

⑤莫迪里安《拿扇子的女人》。

(Jean Metzinger)的《藍鳥》、馬諦斯的《舞蹈》、蒙德里安的《藍眼的女人》等。由於永久展覽不收費，喜愛近代美術的人千萬別錯過這座藝術聖殿。

東京宮
Palais de Tokyo

如何前往

搭地鐵9號線於Iéna站或Alma Marceau站下，皆步行約3~5分鐘；搭RER C線於Pont de l'Alma站下，步行約8分鐘。

info

🏛 13 Avenue du Président Wilson 75116 Paris

☎ 01 81 97 35 88

🕐 夏季10:00~22:00(週四至00:00)，其他季節12:00~22:00(週四至00:00)

🚫 週二、1/1、5/1、12/25。

💲 全票€12、優待票€9，18歲以下免費。

🌐 palaisdetokyo.com

　與時尚與服飾博物館隔著威爾森總統大道對望的ㄇ字型建築，其西翼稱之為

Did YOU KnoW

「睡覺」也是展覽內容！？

首位在東京宮策展的台灣藝術家林人中，在2018年於東京宮發表作品《日常生活儀式系列》。結合表演和行為藝術的方式，隨著手機循環每10分鐘鬧鐘鈴響，醒來按掉鬧鐘，繼續睡，直到下個時間鬧鐘響起，不間斷地醒醒睡睡6小時，連續三天。

　東京宮，該建築於1937年開幕時正值「國際現代生活藝術科技展」期間，當時這棟被當成創意、建設計畫空間的建築，曾容納藝術博物館、攝影和電影中心等，直到2002年才以東京宮的名義對外開放，並展出各色與現代藝術相關的特展，由於主題豐富多元，相當受巴黎人喜愛。

東京宮提倡的理念是藝術家應該和觀眾交流、互動，讓觀眾參與展覽的過程。

凱旋門和艾菲爾鐵塔：夏佑宮

身為西方世界中最大的亞洲藝術博物館，在歐洲，吉美幾乎可說是亞洲藝術收藏界中的指標！

在它分布於3個樓層的展場中，中國文物最為豐富，其中包括商周時代的青銅器、以西域異族為主題的唐三彩和明朝的瓷器。

大量吳哥和占婆文物也是該博物館的一大亮點。

其他還有阿富汗的聖物、西藏的神像、日本的武士盔甲等，館藏幾乎可說橫越絲路、遠達佛教發跡之地，甚至直抵古埃及和希臘。

印度早期各類佛陀雕刻和18~19世紀的細密畫(les miniatures)。

館內也收藏了許多珍貴的文獻資料和圖書。

MAP P.29 B2

吉美亞洲藝術博物館
Musée national des arts asiatiques - Guimet

如何前往

搭地鐵9號線於Iéna站下，出站即達、地鐵6號線於Boissière站下，步行約4分鐘；搭RER C線於Pont de l'Alma站下，步行約13分鐘。

info

⊙6 Place d'Iéna 75116 Paris　☏01 56 52 54 33 ◷10:00~18:00，售票至閉館前45分鐘。　休週二，1/1、5/1、12/25。　⑤常設展和特展套票全票€13、優待票€10，18歲以下免費；每個月第一個週日免費。　☞www.guimet.fr

這間博物館於1879年創立時原本位於里昂，因其創辦人Émile Étienne Guimet為里昂當地的實業家，熱愛旅遊的他更是一名藝術行家，這樣的身份使他1876年時受公共教育部部長的委任，對遠東的各個宗教進行研究，在透過一段前往埃及、日本、中國、印度等遠東國家的大旅行後，其成果充分展現於今日的吉美博物館中。

1885年時，Émile Étienne Guimet將他的個人收藏捐給了法國政府並運往巴黎，後來連同羅浮宮以及原本位於投卡德侯

Did YOU KnoW

這裡有全球唯二的法語版《論語導讀》！

法國人弗朗索瓦貝耶在1688年出版了法國首部《論語導讀》，目前原著僅存兩本。一本收藏在吉美亞洲藝術博物館，另一本在2019年由法國總統馬克宏親手送給大陸國家主席習近平。

(Trocadéro)的前印度支那博物館中的收藏，共組今日的吉美博物館，這處位於16區的「新」博物館開幕於1889年，並於2001年時在歷經6年大規模整修後重新開放。

繁華的古都市中心，從藝術品、美食到購物一次滿足。

羅浮宮和歌劇院

Entre le Louvre - l'Opéra

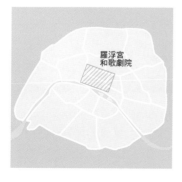

羅浮宮
和歌劇院

對許多人而言，羅浮宮是他們對巴黎的第一印象，來到這裡，不到羅浮宮朝聖，如同虛晃巴黎一遭；加尼葉歌劇院亦是此區的經典建築，華麗的大廳和宏偉的階梯，不禁令人遙想起過去金迷紙醉的年代，享譽國際的音樂劇《歌劇魅影》(Le Fantôme de l'Opéra)，其出自Gaston Louis Alfred Leroux之手的法文原著，據說靈感便是源自於此；除此之外，該區還有許多必訪景點，如協和廣場、皇家宮殿、杜樂麗花園、橘園美術館、拉法葉百貨…幾乎可說是巴黎最菁華的觀光區之一。

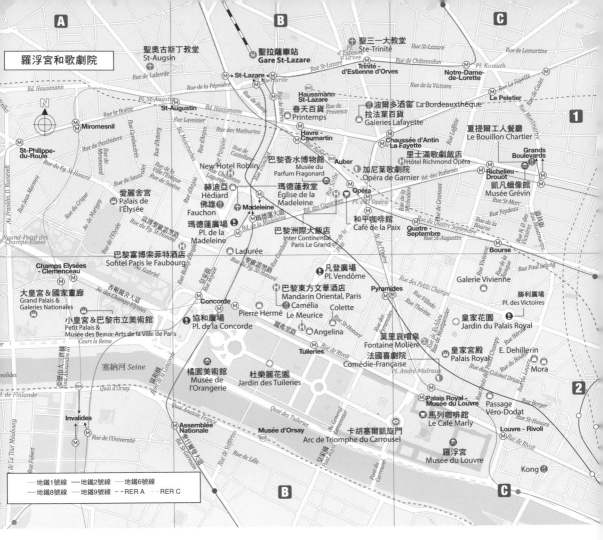

羅浮宮和歌劇院

A | B | C

聖奧古斯丁教堂 St-Augsin
聖拉薩車站 Gare St-Lazare
聖三一大教堂 Ste-Trinité
Rue St-Lazare
Rue de Lamartine
Pl. Kossuth
Notre-Dame-de-Lorette
Le Peletier
St-Lazare
Haussmann-St-Lazare
d'Estienne d'Orves
Trinité-d'Estienne d'Orves
Rue de Châteaudun
St-Augustin
Bd. Haussmann
春天百貨 Printemps
波爾多酒窖 La Bordeauxthèque
拉法葉百貨 Galeries Lafayette
里士滿歌劇飯店 Hôtel Richmond Opéra
夏提爾工人餐廳 Le Bouillon Chartier
Miromesnil
Havre-Caumartin
Chaussée d'Antin-La Fayette
Grands Boulevards
St-Philippe-du-Roule
New Hotel Roblin
巴黎香水博物館 Musée du Parfum Fragonard
Auber
加尼葉歌劇院 Opéra de Garnier
Richelieu-Drouot
凱凡蠟像館 Musée Grévin
赫迪亞 Hédiard
佛雄 Fauchon
瑪德蓮教堂 Église de la Madeleine
Opéra
愛麗舍宮 Palais de l'Élysée
Madeleine
和平咖啡館 Café de la Paix
富博聖奧諾黑路
瑪德蓮廣場 Pl. de la Madeleine
巴黎洲際大飯店 Inter Continental Paris Le Grand
Quatre Septembre
Bourse
Laduée
巴黎富博索菲特酒店 Sofitel Paris le Faubourg
凡登廣場 Pl. Vendôme
Galerie Vivienne
Champs Elysées-Clemenceau
Pyramides
勝利廣場 Pl. des Victoires
大皇宮&國家畫廊 Grand Palais & Galeries Nationales
巴黎東方文華酒店 Mandarin Oriental, Paris
Camélia
Colette
皇家花園 Jardin du Palais Royal
Concorde
Pierre Hermé
Le Meurice
莫里哀噴泉 Fontaine Molière
皇家宮殿 Palais Royal
E. Dehillerin
小皇宮&巴黎市立美術館 Petit Palais & Musée des Beaux-Arts de la Ville de Paris
協和廣場 Pl. de la Concorde
Angelina
Tuileries
法國喜劇院 Comédie-Française
Pl. André Malraux
Mora
塞納河 Seine
橘園美術館 Musée de l'Orangerie
杜樂麗花園 Jardin des Tuileries
Palais Royal-Musée du Louvre
馬列咖啡館 Le Café Marly
Passage Véro-Dodat
Louvre-Rivoli
Invalides
Assemblée Nationale
Musée d'Orsay
卡胡塞爾凱旋門 Arc de Triomphe du Carrousel
羅浮宮 Musée du Louvre
Kong

地鐵1號線　地鐵2號線　地鐵6號線
地鐵8號線　地鐵9號線　RER A　RER C

藝術的最高殿堂，全球三大博物館之一的羅浮宮！

造訪羅浮宮理由

1 全世界參觀人數最多的博物館

2 館藏豐富，包括蒙娜麗莎這樣的經典作品。

3 建築大師貝聿銘的作品玻璃金字塔，也是巴黎的地標之一。

羅浮宮和歌劇院‧羅浮宮

MAP P.51 C2

羅浮宮
Musée du Louvre

羅浮宮是全世界最大且最具象徵地位的博物館，同時也是古代與現代建築史的最佳融合。羅浮宮共分為三大區域，蘇利館(Sully)、德農館(Denon)及黎塞留館(Richelieu)，館內收藏則主要分為9大類：近東文物；古代埃及文物；古代希臘、伊特魯西亞(Les Étrusques)和羅馬文物；伊斯蘭藝術；雕塑；工藝品；繪畫；書畫刻印藝術；拜占庭和東方基督教藝術等，除了這些常設展外，還有許多特展。總收藏超過50萬件文物，經常展出的作品多達33,000件，其中不乏大師巨作。

大羅浮宮計畫Le Grand Louvre

羅浮宮已有800年以上的歷史,雖經改朝換代的增修,規模在歐洲的王宮中首屈一指。然而隨著時間的演進,其設備已不敷實際需要,再者因缺乏展覽空間,使得數十萬件藏品束之高閣,此外缺乏主要入口,造成管理上的困難和遊客們的不便。於是密特朗總統上台後開始擬定改造的計畫,也就是所謂的大羅浮宮計畫。並委託美籍華裔建築大師貝聿銘來操刀設計。

玻璃金字塔的設計在當時被視為相當大膽的創舉!計畫中所有設施不但隱藏於地下,像是在卡胡塞凱旋門西面的地下建造大型停車場等,令人更訝異的,是修建一個高21.65公尺、邊長30公尺的透明玻璃金字塔,作為羅浮宮的主要入口,增加底下拿破崙廳(Hall Naploéon)的採光和空間。東南北三面則設置小金字塔分別指示三條主要展館的通道,在大小金字塔的周圍另有水池與金字塔相映成趣。

參觀路線規畫

羅浮宮博物館主要有3個可互通的展館──德農館、黎塞留館和蘇利館,共有地下1樓,地上3樓。由於羅浮宮參觀者眾,避免浪費時間排隊購票的最佳方式,就是從金字塔主要入口以外的地方進入博物館,可以從麗弗里路(Rue Rivoli)99號進入,已經購票者可從黎塞留通道進入,或是直接搭乘地鐵至Palais Royal – Musée du Louvre站,出站後直達金字塔下方,亦是羅浮宮博物館地下1樓。

羅浮宮地下1樓有許多商店,如免稅香水店、博物館書店、服飾配件等,其中的美食廣場有多國簡餐可供選擇。此外,地下樓的遊客服務中心備有巴黎與法國觀光資訊,提供給觀光客蒐集索取,包括中文介紹。

怎麼玩 羅浮宮才聰明?

省下排隊時間

除了主要的玻璃金字塔入口外,還有卡胡賽爾長廊入口、黎塞留通道入口和獅子門通道入口,可以省下在主入口排隊的時間。

參觀前做好功課 認識館內動線和三大展館:黎塞留館、德農館、蘇利館,才不會迷失在超大的展場中。

夜間免費時段

9~6月每個月第一個週五18:00~21:45免費開放參觀。

線上購票 提前線上購票可以省下現場排隊買票的時間。

羅浮宮和歌劇院:羅浮宮

羅浮宮

M Palais Royal
Musée du Louvre
M Louvre Rivoli →

黎塞留館
Richelieu

蘇利館
Suily

玻璃金字塔主入口
Pyramide Entrée Principale
→

德農館
Denon

← 往杜樂麗花園
Jardin des Tuileries

Entrée Galerie du
Carrousel
卡胡塞爾長廊入口

獅門入口
↓ Entrée Porte des Lions

獅門入口
↑ Entrée Porte des Lions

塞納河 | La Seine

至少預留時間
只挑重點展件參觀：1~2小時
仔細參觀全館：3~5小時

搭地鐵1、7號線於Palais-
Royal / Musée du Louvre站
下，出站即達；或搭14號線於
Pyramides下，步行約7分鐘。

ⓘ Musée du Louvre
75008 Paris
☎ 01 40 20 53 17
🕐 9:00~18:00(週五至
21:45)，閉館前1小時最後
入場。
📅 週二、1/1、5/1、12/25。
💲 €22，18歲以下免費；
每月第一個週五18:00~
21:45免費開放。
🌐 www.louvre.fr

羅浮宮的歷史可追溯到1190年，由當時國王菲利浦二世
(Philippe Auguste) 所建，做為防守要塞。

1360年時查理五世(Charles V)將此地改建為皇室住所，正式開啟羅浮宮的輝煌歷史，建築師萊斯科(Pierre Lescot)將
羅浮宮設計成巴黎第一個文藝復興式建築。

羅浮皇宮扮演法國權力中心的角色長達兩個世紀，直到路易十四另建凡爾賽宮(見P.176)後，它才開始沒落。法國大革命推翻君權後，羅浮宮在1793才正式蛻變為博物館對外開放。

透明玻璃金字塔是華裔美籍建築師貝聿銘的一大代表作，是密特朗總統(Franois Mitterrand,1916~1996)大羅浮宮計畫的重點，也成為羅浮宮博物館的主要出口。

Did YOU KnoW

大師的殞落

建築大師貝聿銘在2019年5月15日以102歲的高齡去世，他最有名的作品就是羅浮宮的玻璃金字塔。他出身在蘇州望族，18歲時赴美留學，先後在麻省理工和哈佛大學取得建築工程的學位，是一個超級大學霸！他將建築技術融合環境和社區營造的意識，也是個自然光控，喜歡透過玻璃或是運用空間讓自然光成為他建築作品中不可或缺的元素。被譽為現代主義建築的第一人。

從金字塔的入口處進入地下後，可以從不同入口進入羅浮宮。

台灣也看得到貝聿銘的作品！
想要一睹大師的設計不用特地出國，台中就看得到了。台中的東海大學路思義教堂就是出自貝聿銘的設計，一直都很受到觀光客的歡迎。

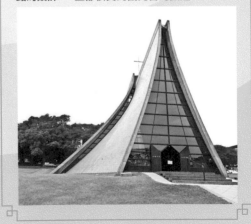

以玻璃鋼柱構成的金字塔不僅為地下樓層引進光線，加上兩個小金字塔，同時兼具現代建築的設計美感。

除了鎮館之寶《蒙娜麗莎》外，還有看不完的珍貴文物！

地下1樓 Entresol

◉1 庫斯圖的《馬利駿馬群》

羅浮宮的法國雕塑集中在黎塞留館的地下1樓和1樓，位於地下樓的此區原是財政部官員的辦公廳，分為馬利(Cour Marly)和皮傑(Cour Puget)兩大中庭。

馬利中庭名稱的由來，主要因中庭擺放的多尊大型大理石雕刻，來自路易十四時期完成於巴黎近郊「馬利宮」(Château de Marly)花園內的作品。然而，這裡最有名的，卻是1745年於路易十五時期完成的《馬利駿馬群》(Chevaux de Marly)，作者為法國巴洛克雕刻家——庫斯圖(Guillaume Coustou,1677~1746)。

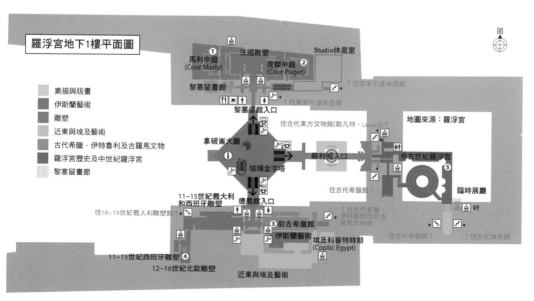

羅浮宮地下1樓平面圖

- 素描與版畫
- 伊斯蘭藝術
- 雕塑
- 近東與埃及藝術
- 古代希臘‧伊特魯利及古羅馬文物
- 羅浮宮歷史及中世紀羅浮宮
- 黎塞留畫廊

馬利中庭 (Cour Marly)
法國雕塑
皮傑中庭 (Cour Puget)
Studio休息室
黎塞留畫廊
黎塞留館入口
往美索不達米亞館
往古代東方文物館(勒凡特，Levant)
地圖來源：羅浮宮
拿破崙大廳
蘇利館入口
中古世紀羅浮宮
玻璃金字塔
臨時展廳
往古代希臘館
11~15世紀義大利和西班牙雕塑
德農館入口
往16~19世紀義大利人利雕塑館
前古希臘館
伊斯蘭藝術
埃及科普特時期 (Coptic Egypt)
往古代希臘‧伊特魯西亞及古羅馬文物館
往古代希臘館
往古代埃及館
11~15世紀西班牙雕塑
12~16世紀北歐雕塑
近東與埃及藝術

羅浮宮和歌劇院‧‧羅浮宮

2 皮傑的《克洛東的米羅》

皮傑中庭(Cour Puget)展示路易十四和路易十五時期的雕像,其中以法國巴洛克雕刻家和畫家皮傑(Pierre Puget, 1620~1694)的作品為主,代表作《克洛東的米羅》(Milon de Crotone)描述希臘奧林匹克冠軍運動員米羅(Milo)老時,想要用手將裂開的樹幹劈斷,豈料樹幹夾住他的手,讓不得脫身的他因而被狼吃掉。雕塑中米羅和狼的表情和肢體栩栩如生,是皮傑重要的代表作。

3 《西克拉德偶像》

這座27公分高的頭部雕塑——《西克拉德偶像》(Idole Cycladique)出土於希臘西克拉德島(Cycladic),估計是西元前2,700~2,300年的作品。
該雕塑線條簡單均衡,右下處雖有明顯毀壞,仍無損其價值,特別是它可能是現存希臘青銅時代早期有關大理石雕作品中,最早且最精采的一件。

4 艾爾哈的《聖瑪德蓮》

羅浮宮內的北歐雕塑集中於德農館的地下1樓和1樓的5間展示廳內,前者以12~16世紀雕塑為主,後者則蒐羅17~19世紀的作品。
位於地下1樓C展示廳主要收集15~16世紀古荷蘭和日耳曼帝國的雕刻,這座《聖瑪德蓮》(Sainte Marie-Madeleine)雕像出自德國雕刻家喬治·艾爾哈(Gregor Erhart, 1465~1540)之手,全裸的瑪德蓮披著如瀑布般的金色長髮,體態優美和諧,此作於1902年時由羅浮宮購自德國。

5 中世紀羅浮宮城壕

羅浮宮的歷史可追溯至12世紀,當時法王菲利浦二世在巴黎西牆外建造了羅浮宮,做為防守要塞之用;到1360年查理五世才將它改為皇室居所。羅浮宮目前就於蘇利館的地下1樓,展示12~14世紀羅浮宮中世紀的城壕樣貌。

1樓
Rez-de-Chaussée

◉ 1 玻璃金字塔

在巴黎再開發計畫中，為羅浮宮增添不少新風貌，原先在黎塞留館辦公的法國財政部他遷後，新空間增加了不少收藏品的展示。1993年，華裔建築師貝聿銘為博物館興建了一座廣達45,000平方公尺的超大型地下建築，結合周邊地鐵及巴士轉運功能，並為它設計了一座玻璃金字塔(Pyramide)當作主入口，雖曾飽受爭議，但如今它已成為羅浮宮不可或缺的地標了。

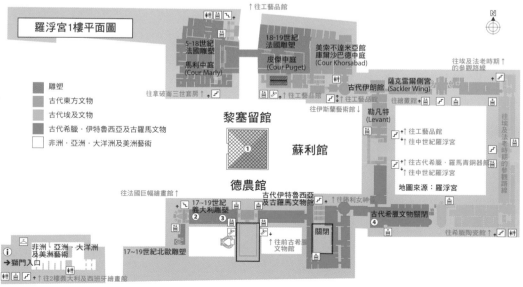

羅浮宮1樓平面圖

↑往工藝品館

5-18世紀
法國雕塑
馬利中庭
(Cour Marly)

18-19世紀
法國雕塑
皮傑中庭
(Cour Puget)

美索不達米亞館
庫爾沙德中庭
(Cour Khorsabad)

往埃及法老時期↑
的參觀路線

薩克雷爾側宮
(Sackler Wing)

往韋帕破崙三世套房↑

古代伊朗館

往工藝品館

往伊斯蘭藝術館↓

往工藝品館↓

往繪畫館

勒凡特
(Levant)

↑往工藝品館
↑往中世紀羅浮宮

↑往古代希臘·羅馬青銅器館
↑往中世紀羅浮宮

地圖來源：羅浮宮

雕塑

古代東方文物

古代埃及文物

古代希臘、伊特魯西亞及古羅馬文物

非洲·亞洲·大洋洲及美洲藝術

黎塞留館

蘇利館

德農館

往法國巨幅繪畫館↑

17~19世紀
義大利雕塑

古代伊特魯西亞
及古羅馬文物館

往勝利女神像↑

古代希臘文物關閉

往希臘陶瓷館↑

往古希臘
文物館

關閉

古代希臘文物關閉

17~19世紀北歐雕塑

非洲·亞洲·大洋洲
及美洲藝術

→獅門入口

↑往2樓義大利及西班牙繪畫館

羅浮宮和歌劇院：羅浮宮

3 卡諾瓦的《丘比特與賽姬》

這是來自義大利新古典主義雕刻家卡諾瓦(Antonio Canova,1757~1822)的作品——《丘比特與賽姬》(Psyché Ranimée par le Baiser de l'Amour)。在羅馬神話中，丘比特和賽姬是對戀人，因為某些原因，賽姬被要求不能看見丘比特的容貌，直到有天賽姬實在忍不住了，趁丘比特入睡時偷看了他一眼，此舉讓丘比特母親維納斯大怒，她讓賽姬陷入昏睡，規定只有丘比特的愛之吻才能讓她甦醒。

這座雕像就是表現當丘比特展翅降臨，輕抱起賽姬親吻她的那一剎那，兩人柔軟平滑的身軀相擁成X型，呈現一種既深情又優美的體態，令人動容。

2 米開朗基羅的《奴隸》

這裡展示著16~19世紀義大利雕塑。當中舉世聞名的，莫過於2尊米開朗基羅(Buonarroti Michelangelo,1475~1564)的作品——《奴隸》(L'Esclave)，左邊為《垂死的奴隸》(L'Esclave Mourant)，右邊則是《反抗的奴隸》(L'Esclave Rebelle)。

這兩尊原是米開朗基羅打算放置於教宗朱利安二世(Pope Julius II)陵墓的作品，然而自1513年動工後，就因經費及某些緣故未能完成，還被贈送和轉賣，最後於1794年成為羅浮宮的收藏。

雖然同為米開朗基羅的作品，兩尊雕像截然不同，《垂死的奴隸》是位具有俊美外貌的年輕人，其臉部安詳平靜，像是剛擺脫嚴苛的苦難，陷入一種深沉的睡眠，表現一種完全接受命運安排的妥協；《反抗的奴隸》卻是扭曲著身軀，臉部流露憤恨與不平的表情，像是在做最後的掙扎與反抗，表現對人生仍然充滿強烈的意志力和生命力。

4 《艾芙洛迪特》

艾芙洛迪特(Aphrodite)就是大家比較熟知的愛神、美神維納斯，由於這座雕像是1820年在希臘的米羅島(Melos)發掘的(現今的Milo島)，所以又稱「米羅島的維納斯」(Vénus de Milo)。雕像於隔年贈予路易十八世，最後再轉由羅浮宮收藏。

這座雕像高約2公尺，由上下兩塊大理石組成，完成期間約在西元前的1~2世紀。據說最早出土時還有上色，但現在已完全看不到了，另外手臂也不見了，因此也有人以《斷臂的維納斯》來稱呼它，讓她增加了許多神秘感。究竟遺失的雙臂指向何方，或是手中拿著什麼樣的東西，都引發大家好奇和聯想，也讓這座雕像人氣居高不下。

**2樓
1 Etage**

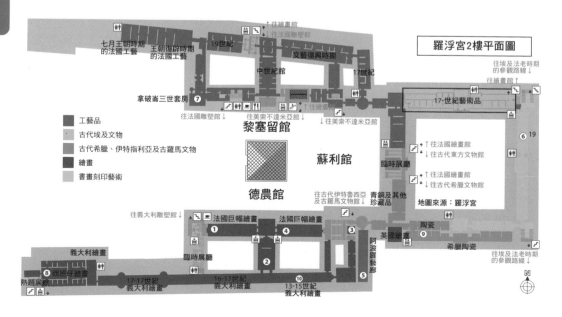 1 席里柯的《梅杜莎之筏》

這幅長約72公分、寬約49公分的巨幅繪畫《梅杜莎之筏》(Le Radeau de la Méduse)，是法國浪漫派畫家泰奧多爾·席里柯(Théodore Géricault, 1791~1824)的作品，描繪1816年時一艘載著數百人的法國船艦梅杜莎號，航行西非海岸，因船長的無能導致擱淺，船上的人紛紛求援逃命，最後只剩下15人在船上，這些人陷入絕望，神志不清，甚至吃起同伴的肉…

席里柯將當時這樣的船難事件透過繪畫表現出來，畫中光影強烈、動作寫實，三角構圖中，有著平衡感——一端有人在期待救援，另一端的人卻已氣息奄奄，是件極具張力和戲劇性的作品。只是這幅畫在1819年展出時，遭到不少批評聲浪，因為它是第一件反映社會事件的寫實作品，對原本想隱瞞此事的政府來說臉上無光，加上畫中將人之將盡的心態赤裸裸地表現出來，也是古典主義畫派所不願樂見的風格。

羅浮宮2樓平面圖

往埃及法老時期的參觀路線↓

往繪書館
往法國雕塑館

七月王朝時期的法國工藝　王朝復辟時期的法國工藝　19世紀　文藝復興時期

中世紀館　17世紀

拿破崙三世套房　⑦

往法國雕塑館↓　往美索不達米亞館↓　↓往美索不達米亞館

17-世紀藝術品

黎塞留館

往法國繪畫館↑
↓往古代東方文物館

蘇利館

臨時展廊

往法國繪畫館↑
↓往古代希臘文物館

地圖來源：羅浮宮

■ 工藝品
■ 古代埃及文物
■ 古代希臘、伊特指利亞及古羅馬文物
■ 繪畫
■ 書畫刻印藝術

德農館

往古代伊特魯西亞及古羅馬文物館↓　青銅及其他珍藏品

英國繪畫

⑥ 19

往義大利雕塑館↓　① 法國巨幅繪畫　法國巨幅繪畫　③　阿波羅藝廊　陶瓷

⑨　希臘陶瓷

義大利繪畫　臨時展廊　②　⑤

往埃及法老時期的參觀路線↓

⑧ 西班牙繪畫
熱題展廊　17-17世紀義大利繪畫　16-17世紀義大利繪畫　⑩　13-15世紀義大利繪畫

N

👁2 達文西的《蒙娜麗莎》

集藝術家、科學家、發明家、軍事家及人道主義家於一身的達文西(Leonardo da Vinci,1452~1519),最有名的畫作除了位於米蘭教堂的《最後的晚餐》,就屬這幅《蒙娜麗莎》(La Joconde)了。那神秘的笑容、溫暖的光影教人費猜疑,達文西可能也把《蒙娜麗莎》視為個人藝術的最高成就,所以當他離開義大利前往法國南部擔任法國皇帝的私人顧問時,隨身帶著的畫作只有它。

達文西畫的《蒙娜麗莎》在高超的畫技下,表露出優雅的面容和神秘的微笑,雙手交錯平擺,充滿溫柔、平衡的精神和大方的體態。此畫最吸引人的地方,除了展現文藝復興時期的女性美之外,還有背後渲染的山巒、空氣和水,使人的輪廓溶解在光影中,經由相互影響的元素,成就永恆的微笑。

👁3 《勝利女神像》

彷彿展翅欲乘風而去的《勝利女神像》(La Victoire de Samothrace),就位於德農館的階梯平台上,在投射燈光的搭配下,更顯雕像衣襬的輕盈。

3.28公尺高的《勝利女神像》約完成於西元前190年左右,1863年於希臘愛琴海的西北方Samothrace小島出土,一般相信它是為了紀念羅德島(Rhodian)戰役的勝利而創作,龐大雄健的雙翼屹立在兇險的海面上,浪花打溼了袍子,使袍子緊緊貼在胸前和雙腿上,背後隨風飛揚,充分展現戰役的壯烈和勝利的英勇。栩栩如生之姿使它和《米羅的維納斯》、《蒙娜麗莎》並列羅浮宮的鎮館三寶。

👁4 大衛的《約瑟芬的加冕》

這是一幅典型的藝術服務政治的畫作。法國畫家雅克-路易·大衛(Jacques-Louis David,1748~1825)是新古典主義的代表畫家。所謂的新古典主義,簡單來說,就是反洛可可及巴洛克的風格,再現希臘羅馬的藝術形式。大衛在古典潮流中,以他的天賦成為當時最具有影響力的畫家,不幸卻捲入政治,不得不流亡海外,最終斷送他的藝術生命。

在《約瑟芬的加冕》(Le Sacre de l'Empereur Napoléon 1er et le Couronnement de l'Impératrice Joséphine)中,大衛描繪1804年拿破崙如皇帝般,為約瑟芬戴上皇冠的情景,他的野心也透過畫作表現無遺。此作原擺設於凡爾賽宮,後移至羅浮宮展出。

5 路易十五加冕時的皇冠

每位法國國王在加冕時都擁有自己華麗的皇冠,而阿波羅藝廊(Galerie d'Apollon)就是展示歷代國王皇冠及寶物的地方。

路易十五擁有2頂皇冠(Couronne de Louis XV),一頂鍍金,另一頂鍍銀,也就是我們現在在羅浮宮中所看到的,這頂皇冠頂端為珍珠十字架,下連8條拱架,上頭至少有282顆鑽石、64顆寶石和237顆珍珠,包括中央最大重達140克拉的「攝政王」(Regent)鑽石,非常尊貴華麗。

6 《埃及書記官》

埃及的文明史也可説是一部藝術史,雖然埃及藝術的目的在實用或傳達宗教法則,但工藝之美依然震撼後世。

書記官雕像向來是埃及古王國時期的寫實表現,這一尊《埃及書記官》(Le Scribe Accroupi)可説是當中最負盛名的一件,估計於西元前2,620~2,500年間完成,由埃及考克學家在古埃及王國首都沙哥哈(Saqqara)發掘出土,後來在1854年由埃及政府贈予羅浮宮。

這座書記官高53.7公分、寬44公分,以石灰石上色製成,眼睛由石頭、碳酸鎂和水晶鑲嵌而成,乳頭則為木製。他袒胸露背盤腿而坐,端正五官呈現個性面容,筆直的鼻子和兩個大耳朵,看起來呆板嚴肅,表現當時精準嚴格的雕塑風格。他一手拿著筆,一手拿著卷板的姿勢,加上幾何對稱的軀體,展現埃及書記官的威嚴姿態。

7 拿破崙三世套房

新的羅浮宮在拿破崙三世的主持下,將原本位於杜樂麗宮(Palais des Tuileries)內的會客廳移植至此,重現拿破崙三世套房(Appartements Napoléon III)情景,而所有設計和裝潢從水晶吊燈、青銅飾品、鍍金、家私、華麗地毯、紅色窗簾等一一保留,完整呈現皇家華麗尊貴的風貌,從這裡往下走,還可以看見拿破崙三世的寢宮和餐廳。

8 利貝拉的《瘸腿的小孩》

西班牙畫家利貝拉(Jusepe de Ribera,1591~1652)深受義大利畫家卡拉瓦喬(Caravaggio,1573~1609)黑暗色調的影響,同時也具有宗教風格。畫中的主題或主角通常都在畫的最前方、占據最大的空間,似乎想和觀畫者直接對話。這幅《瘸腿的小孩》(Le Pied-bot)不僅有上述的特點,還表現出利貝拉的人道精神,因為在小孩左手所拿的紙條上寫著:「看在上帝的份上,請同情同情我吧!」

9 《夫妻合葬棺》

此為古伊特魯西亞文物。提到羅馬世界，就必須從發源於伊特魯西亞地區的伊特魯西亞文明談起，這是西元前800~300年間在義大利半島、台伯河流域發展出的文化。伊特魯西亞人是支十分關注死亡的民族，具有深刻的宗教信仰，他們的藝術缺少原創性，卻充滿活力；很少集中在神的形象，大多以凡人為主題，即使在墳墓中，也是如此。

西元前6世紀，當地發展出一種石棺，形狀是一個矩形的臥榻，上方斜躺著一對人像，結合了古代埃及的木乃伊人形與近東的矩形靈柩，人像風格源於古希臘時期。這座《夫妻合葬棺》(Le Sarcophage des Époux de Cerveteri)便展現這樣的風格，其高114公分、長約200公分，出土於切維台利(Cerveteri)，時間約為西元前520~510年間。

 10 達文西的《岩間聖母》

《岩間聖母》是達文西最著名的作品之一，描述的是施洗者約翰初次見到耶穌的故事。這幅畫的構圖是最讓人津津樂道的地方，聖母位於畫的正中央，約翰和耶穌在她的左右兩邊，形成一個明顯的三角形，後人稱之為三角形構圖，達文西非常喜歡這樣的構圖，為畫中人物帶來安定、穩重的感覺。

◎1 《卡布麗爾和她的姐妹》

肖像畫是16世紀繪畫的重要主題，特別是在貴族皇室的重要場合或慶典。這幅來自楓丹白露畫派(École de Fontainebleau)的《卡布麗爾和她的姐妹》(Portrait Présumé de Gabrielle d'Estrées et de Sa Soeur la Duchesse de Villars)，描繪法王亨利四世(Henri IV,1553~1610)的情婦卡布麗爾(Gabrielle d'Estrées)和她的妹妹一起洗澡的情景，兩人不但袒胸露背，她妹妹更用一隻手捏住她的乳頭，在當時屬於相當大膽又情色的畫作。這個動作加上後方做針線的婦人，影射卡布麗爾可能已經懷孕了。

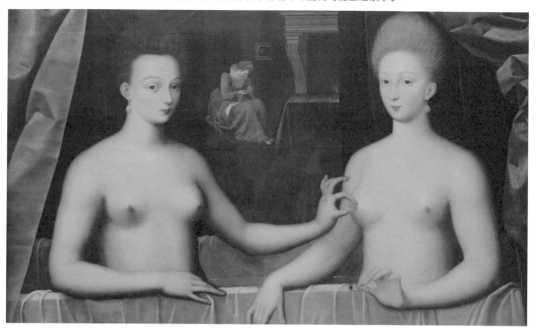

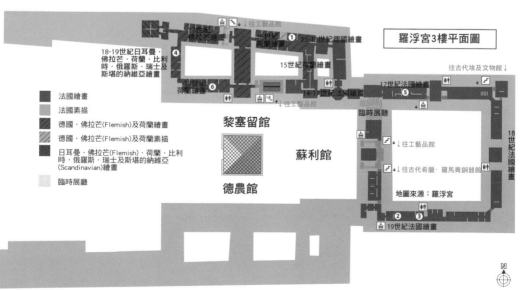

法國繪畫

法國素描

德國‧佛拉芒(Flemish)及荷蘭繪畫

德國‧佛拉芒(Flemish)及荷蘭素描

日耳曼‧佛拉芒(Flemish)‧荷蘭‧比利時‧俄羅斯‧瑞士及斯塔的納維亞(Scandinavian)繪畫

臨時展廳

羅浮宮3樓平面圖

👁∞ 2 德拉克洛瓦《自由女神領導人民》

19世紀除了是新古典主義的世紀外,也是浪漫主義的世紀,這兩派互相對立,前者以安格爾為首,後者就以德拉克洛瓦(Eugène Delacroix,1798~1863)為領導;前者重視平衡感、線條的嚴謹,而後者則運用奔放的色彩及激情的主題。《自由女神領導人民》(La Liberté Guidant le Peuple)是德拉克洛瓦最知名的作品之一,描繪1930年巴黎市民起義推翻波旁王朝的情景,人民對自由人權的渴望,清楚表現在手持紅白藍國旗的自由女神身上,女神身後支持的工人和學生,穿過硝煙和屍體為民主而戰,流露強烈的熱情。

👁∞ 3 安格爾的《大浴女》

安格爾(Jean-Auguster-Dominique Ingres,1780~1867)作品中常見性感的裸女,其中又以大浴女、小浴女和後來的土耳其浴最為出名。安格爾是19世紀新古典主義和浪漫主義最具代表性的畫家,是古典主義大師大衛的高徒,並多次前往義大利旅行,見到文藝復興三傑中拉斐爾的作品(Raffaello Sanzio,1483~1520),後決心成為歷史畫家,其作品特色是在理想的古典寫實中,以簡化變形強調完美造型。

在這幅《大浴女》(La Baigneuse)畫中,戴著頭巾坐在精緻坐壁上的裸女,展現當時的女性之美,與一旁的土耳其浴畫作比對一下,可以發現土耳其浴中有一個同樣浴女的背影,就是源自此作品。

4 林布蘭晚年自畫像

林布蘭(Rembrandt van Rijn,1606~1669)是荷蘭最有名的畫家,色彩奔放、渾厚,更以精準掌握光線而成為大師。林布蘭一生創作豐富,也畫了不少的自畫像,剛好是他一生起伏的註腳。羅浮宮中一共有三幅他的自畫像,兩幅年輕正當志得意滿時的自畫像,圖中這幅則是年老破產賣畫抵債的悲涼自畫像。

👁 5 拉圖爾的《老千》

拉圖爾(George de Latour,1593~1652)最擅長畫出蠟燭的光線與光影,這幅《老千》(Le Tricheur)顯然是在一場牌戲中,老千抽換牌的技倆被識破了,斜瞪的眼神、指責的手勢,似乎把那尷尬的一刻給凝住了,讓你也不禁為那老千捏一把冷汗。

👁∞ 6 維梅爾的《編蕾絲的少女》

荷蘭風俗畫家維梅爾(Jan Vermeer,1632~1675)在世的作品不多,生平也不太為人熟知,但他畫中那透明的光線和黃、藍色調色彩的美感,教人難忘。維梅爾畫作的題材都是一般人的日常生活,但借著光線和樸實的畫面,生活瑣事也昇華為藝術,透過這幅《編蕾絲的少女》(La Dentellière)便可清楚明瞭。

走進熱鬧的麗弗里路，品嘗甜點、咖啡感受巴黎的文藝氣息。

皇家宮殿與花園
MAP P.51 C2
Palais Royal & Jardin du Palais Royal

如何前往
搭地鐵1、7號線於Palais Royal - Musée du Louvre站下，步行約1分鐘；或搭14號線於Pyramides站下，步行約3分鐘。

info
⊕8 Rue de Montpensier 75001 Paris
☎01 47 03 92 16 ◉4~9月8:30~22:30；10~3月8:00~20:30 ㊡復活節、1/1、5/8、7/14、8/15、11/1、11/11、12/25。 ⑤免費 ⊕www.domaine-palais-royal.fr

皇家宮殿和花園興建於1634年，原是路易十四攝政王兼紅衣主教黎塞留居住的地方，現在所見到的正面只是一部份，其他則毀於火事。

1642年黎塞留過世後，偌大的宅邸轉為皇宮所在地，路易十四便在這裡度過了童年生活，18世紀時，這裡落至奧爾良公爵(Duc d' Orléans)家族手中，直到1872年，才又回歸國有，現在則是憲法委員會、文化部和國家圖書館所在。

前院有數十個整齊排列、高低不等的斑馬條紋圓柱，這些是在1986年，由Daniel Buren一手打造的藝術作品——「貝倫柱」(Brun)。

平靜的貝倫圓柱下萬「水」奔騰，原來它其實是神奇的「地下噴泉」。

從宮殿往北看，則是一片優雅美麗的皇家花園，是眾人散步、賞景和寫生、作畫的好地方。

花園三面則是長形迴廊，有著精緻的巴洛克風格。

一間間商店就在這漂亮的廊街比鄰而立，其中又以設計師商店、骨董店、藝術品店居多，讓人在這裡購物也彷彿變成一件有氣質的事。

外部裝飾著哈辛(Racine)、雨果(Victor Hugo)和莫里哀等法國劇作家的半身浮雕。

⊙ **MAP P.51 C2**

法國喜劇院
Comédie-Française

如何前往

搭地鐵1、7號線於Palais Royal - Musée du Louvre站下，步行約1分鐘；或搭14號線於Pyramides站下，步行約3分鐘。

info

⌖1 Place Colette 75001 Paris ☎01 44 58 15 15

◷售票口11:00~18:00 休售票口週日公休

⑤視表演而異 ⓦwww.comedie-francaise.fr

法國喜劇院是全法國唯一擁有自己劇團的國家劇院，由路易十四創立於1680年。在它曾被命名過的眾多頭銜中，又以「莫里哀之家」(La Maison de Molière)最

♈ 莫里哀噴泉Fontaine Molière

昔日，莫里哀曾經住在法國喜劇院旁今日的莫里哀街(Rue Molière)上，在這條路與黎塞留路(Rue de Richelieu)交會的轉角處，聳立著一座噴泉紀念莫里哀的噴泉。事實上在1838年以前，這裡原本是另一座黎塞留噴泉(Fontain Richlieu)的所在地，但因為體積過於龐大妨礙交通，所以遭到拆除，最後在1844年時，由出自多位雕刻家之手的莫里哀噴泉，取代了它的地位。

為有名，該名稱和法國現代戲劇之父、同時被當成法國演員守護神的戲劇作家莫里哀有關。此外，喜劇院也曾多次遷徙，直到1799年開始，才終於出現在今日被稱為「黎塞留廳」(Salle Richlieu)的地點，該建築出自建築師Victor Louis的設計，並於1900年時因一場嚴重的大火而重建。

MAP
P.51
B2,C2

卡胡塞爾凱旋門
Arc de Triomphe du Carrousel

拱門上的4匹青銅戰馬，原是從威尼斯擄獲的戰利品，正品已在1815年歸還，現在的是複製品。聳立於戰馬旁的，是鍍金的勝利女神像。

如何前往

搭地鐵1、7號線於Palais Royal-Musée du Louvre站下，或搭地鐵1號線於Tuileries站下，皆步行約3~5分鐘。

info

⊙ **Place du Carrousel Paris**

　　卡胡塞爾凱旋門又稱「小凱旋門」，是拿破崙在1806~1808年之間所建，本來是杜樂麗宮的主要入口，然而法國大革命期間宮殿慘遭祝融之災，只剩杜樂麗花園和這座小凱旋門保留下來。

　　整座建築流露強烈羅馬風格，與戴高樂廣場上的凱旋門都是以拿破崙盛世和戰爭為主要題材。粉紅色的玫瑰大理石上，刻畫了拿破崙的強盛軍隊。

MAP
P.51
C2

勝利廣場
Place des Victoires

如何前往

搭地鐵3號線於Bourse站下，步行約5分鐘。

　　勝利廣場興建於1658年，當時，法王路易十四對荷蘭、德國、西班牙和土其耳的戰役接連報捷，巴黎人便以「勝利」為名建立了這座廣場，並在廣場中央放置了路易十四的塑像，歌頌他的偉大。

　　廣場規模不大，四周還圍繞著17世紀保存至今的古老建築，氣氛也顯得特別典雅靜謐。這些建築現在是一間間服飾精品店、家飾選物、咖啡店與餐廳，是喜歡時尚潮流的人流連的好地方，繼續往小巷子裡鑽，還有不少個性小店可以好好挖寶。

原作，前身於1792年時遭到破壞，直到1822年才又重新放置了這座新的青銅騎馬塑像。今日的路易十四塑像並非

在與羅浮宮、杜樂麗花園的交接處，聳立著一排擁有宏偉拱門廊柱的4層樓建築，它們是曾是巴黎貴族興建宅邸的標準。

位於228號的摩里斯飯店（Le Meurice），開幕於19世紀初的它，是巴黎第一間擁有電梯設備的旅館

MAP
P.51
B2,C2

麗弗里路
Rue de Rivoli

如何前往
搭地鐵1、7號線於Palais Royal-Musée du Louvre站下；或搭地鐵1號線於Tuileries站、Louvre - Rivoli站下，皆出站即達。
info
◎摩里斯飯店
⌂228 Rue de Rivoli Paris
☎01 44 58 10 10
🌐www.dorchestercollection.com
◎Angelina
⌂226 Rue de Rivoli Paris
☎01 42 60 82 00
🌐www.angelina-paris.fr

　麗弗里路從杜樂麗花園一直延伸到巴士底廣場(Place de la Bastille)，街上聚集了許多商店，靠近羅浮宮這段以紀念品商店為主，琳瑯滿目的展示著印有「Paris」字樣或艾菲爾鐵塔圖案的衣服、T恤、模型、明信片、絲巾…令人眼花撩亂。

至於位於226號的Angelina，以甜點馳名全法國，招牌點心是熱巧克力、白朗峰(Le Mont-Blanc)和千層派(Millefeuille)。

MAP P.51 B2

Pierre Hermé

相較於Ladurée，Pierre Hermé馬卡龍外殼同樣酥脆，但內餡比較不黏牙，究竟哪個好吃，完全憑個人的喜好而定。單買一顆€2.8。

如何前往

搭地鐵1、8、12號線於Concorde站下，步行約1分鐘。

info

⌖4 Rue Cambon 75001 Paris ☎01 45 12 24 02
🕘11:00~20:00(週五~週六10:00起)，週日10:00~19:00
🌐www.pierreherme.com

　　巴黎法式馬卡龍的另一張王牌便是Pierre Hermé，出生於1961年Pierre Hermé是法國著名的糕點廚師，法國《Vogue》雜誌曾稱他為「糕點界的畢卡索」(The Picasso of Pastry)，他所做的馬卡龍，被許多巴黎人視為全世界最好吃的馬卡龍。

　　Pierre Hermé在巴黎店面也超過20家之多，位於協和廣場地鐵站旁的這家分店，店面不大僅提供外賣，排隊人潮雖然不比Ladurée來得驚人，但對它的忠實粉絲來說，完全不損對它的喜愛。

MAP P.51 C2

馬列咖啡館
Le Café Marly

如何前往

搭地鐵1、7號線於Palais-Royal / Musée du Louvre站下，出站即達；或搭14號線於Pyramides下，步行約7分鐘。

info

⌖93 Rue de Rivoli 75001 Paris
☎01 49 26 06 60 🕘8:30~2:00
🌐cafe-marly.com

這裡的服務生也有別於一般咖啡館，穿著西裝打領帶，態度高傲，走路姿勢宛如模特兒，令人嘆為觀止。

　　占據羅浮宮迴廊的馬列咖啡館，氣質雍容華貴，再加上這裡的咖啡和食物的價格不斐，著實讓穿著隨意的遊客止步不前。這家咖啡館座落於羅浮宮的迴廊下，以貝聿銘的「透明金字塔」為前景，以紅、黑、金為主色打造的空間，創造出既優雅又溫暖的氣氛，所以還是有不少人願意來此點一杯香濃的熱巧克力，體驗這稀罕又帶點奢華的虛榮。

拱廊和廊街Galleries et Passages

在巴黎若想體驗最具特色的購物之旅，就千萬不能錯過拱廊或廊街。這些大多建於19世紀前的有頂購物街，往往隱身於一般建築大樓之間，漂亮的玻璃帷幕之下，是充滿華麗典雅風情的商店店面，一家家精緻迷人的精品店或個性小店，沿著中間主道比鄰或對門而立，遊客就可以悠閒地漫步其間，而在這樣的地方逛街很容易就沈醉於一種優雅復古的風情之中，超有氣氛。

Passage Véro-Dodat

MAP P.51 C2

如何前往

搭地鐵1、7號線於Palais Royal-Musée du Louvre站下，或搭地鐵1號線於Louvre-Rivoli站下，皆步行約5分鐘。

info

🏠19 Rue Jean-Jacques Rousseau 75001 Paris

🕐各店不一，約週一～週六7:00~22:00。

🚫週日

在巴黎為數眾多的廊街中，這條可追溯至1826年的廊街尤其散發著歷史的沉香，黑白菱形地磚、美麗的紅木嵌板、大理石廊柱和鍍金的壁畫，伴隨著舊書店、樂器修理店、傳統修鞋店…著實有種時光倒退的錯覺。19世紀浪漫詩人Gérard de Nerval昔日經常出沒的時代咖啡館(Café de l'Époque)，至今依舊提供老巴黎氛圍，至於位於19號的Le Vérot Dodat，是間溫馨的家庭式餐廳，以合理的價格為饕客供應道地的法國菜。

Galerie Vivienne

MAP P.51 C2

如何前往

搭地鐵3號線於Bourse站下，步行約3分鐘。

info

🏠4 Rue Des Petits-Champs 75002 Paris

🕐各店不一，8:30~20:00。

🌐www.galerie-vivienne.com

Galerie Vivienne因為擁有幾間有意思的老書店，感覺更加古風洋溢，書店老闆也像是歷經風霜似的，帶點老學究的形象。此外，這裡也找得到巴黎從古至今的經典明信片，幾間珠寶、首飾、配件和服裝等設計師專賣店也耐人尋味，讓人在時尚和書香間穿梭，別有一番趣味。

奢華建築的代表，
歌劇魅影的原始場景—— 加尼耶歌劇院

王牌景點 **5**

· CHORÉGRAPHIE ·

· ACADÉMIE · NATIONALE · DE · MUSI

加尼耶歌劇院
Opéra de Garnier

MAP
P.51
B1

拿破崙三世(Napoléon III,1808~1873)在1862年打算興建歌劇院時，就選在現今的地點，一方面因為此區原本就是巴黎的戲劇中心，不過他最主要的目的，還是想趕走附近那些破爛的建築。當時沒沒無名的35歲建築師加尼耶贏得工程，運用大量大理石和青銅等材料建造，耗時14年終於在1875年時，完成了這棟堪稱藝術品的建築。

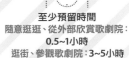

至少預留時間
隨意逛逛、從外部欣賞歌劇院：
0.5~1小時
逛街、參觀歌劇院：**3~5小時**

造訪加尼耶歌劇院理由

1. 新巴洛克風格的華麗建築
2. 朝聖歌劇魅影(Phantom of the Opera)的故事背景
3. 位置在巴黎最熱鬧的地段，餐廳、酒吧、百貨林立。

羅浮宮和歌劇院：加尼耶歌劇院

怎麼玩加尼耶歌劇院才聰明？

購物天堂

附近的**凡登廣場**、**春天百貨**和**拉法葉百貨**是巴黎熱門的購物區。

歌劇優惠票 歌劇院的表演通常是晚上7、8點開始，有時候**開演前1~2小時會釋出特價的票**，可以去碰碰運氣。

開放時間 若白天、下午有演出，**歌劇院的開放參觀時間會調整**，建議參觀前上官網確認開放時間。

折扣季 法國購物的折扣季冬季是1月~2月中；夏季是6月中~8月，每家百貨時間不一定相同，去之前做好功課可以省下很多錢！

 搭地鐵3、7、8號線於Opéra站下，或搭地鐵7、9線於Chaussée d'Antin-La Fayette站下，或搭地或RER A線於Auber站下，皆步行約1分鐘。

 ⌂8 Rue Scribe 75009 Paris ☎08 92 89 90 90
⏰10:00~17:00(閉館前45分鐘最後入場)
⊗1/1、5/1、12/25和特殊舉辦活動期間。
⊕參觀門票全票€15，優待票€10；演出門票，各表演不同。 ⊕www.operadeparis.fr

加尼耶歌劇院以建築師加尼耶(Charles Garnier)的名字命名，也有人直接暱稱為歌劇院。

這裡是昔日法國皇帝欣賞歌劇的場所，因此，不管內部裝飾或外觀建築都極盡華麗之能事。

宏偉的大理石階梯在金色燈光的照射下更加閃亮，據說這是被當時夜夜笙歌的貴族仕女們的裙襬擦得光亮所致，可見歌劇院當時盛況。

歌劇院已經成為巴黎的代表性建築之一，重達千噸的青銅大圓頂展現了它的氣派。

歌劇院走廊是觀眾中場休息時社交談話的場所，富麗堂皇的程度不下於大階梯。在鏡子與玻璃的交錯輝映下，更與歌劇欣賞相得益彰。

裝飾大階梯上方天花板的，是描繪許多音樂寓言傳奇故事的壁畫。

凡登廣場、拉法葉百貨和春天百貨，讓人逛到失心瘋！

至今依舊可以看見裝飾於牆面漂亮的馬賽克鑲嵌，以及美麗的玻璃工藝，是法國知名的歷史建築。

春天百貨
Printemps

MAP P.51 B1

如何前往

搭地鐵3、9號線於**Havre-Caumartin**站下，出站即達。

info

⌂64 Boulevard Haussmann 75009 Paris

☎01 42 82 50 00　🕐10:00~20:00(週日11:00起)

🌐www.printemps.com

　創於1865年的春天百貨，占地45,000平方公尺，其洋溢著新藝術風格的建築，是1930年代世界博覽會的中心。春天百貨同樣分為三館，除男性和女性百貨商品各占一館外，另一館則以居家生活與美容化妝品為主；法國知名名牌，如Celine、CHANEL、Longchamp、Chloé、KOOKAI…在這裡都有設櫃。

廣場中央高44公尺的大銅柱，柱上有拿破崙的銅像，以彰顯他的威武，紀念他在奧地利戰爭的勝利。

MAP P.51 B2

凡登廣場
Place Vendôme

如何前往

搭地鐵3、7、8號線於Opéra站下，或搭地鐵8、12、14號線於Madeleine站下，或搭地鐵1、8、12號線於Concorde站下，或搭地鐵7、14號線於Pyramides站下，或搭地鐵1號線於Tuileries站下，皆步行約6~9分鐘。

這座呈八角形的凡登廣場，有「巴黎百寶箱」之稱，世界級的的珠寶商、名錶店都在這 設有據點，另外還有克麗絲汀·迪奧(Christian Dior)、香奈兒(CHANEL)等精品店，彰顯此處的不凡身價。

此外，廣場上高檔的麗池(Ritz)酒店也是值得關注的焦點，過去香奈兒創辦人可可·香奈兒(Coco Chanel)就是這裡的常客；而當年英國王妃黛安娜(1961~1997)在巴黎車禍過世前，就是和她的情人在此共享晚餐。另外，眾所皆知的鋼琴詩人蕭邦(Chopin,1810~1849)則逝世於巴黎凡登廣場上12號的建築內。

Did YOU KnoW
命運坎坷的銅柱

關於這根銅柱還有一段小插曲，寫實派畫家庫爾貝(Courbet)曾經在1871年嫌凡登廣場上的銅柱太難看，而請人將它給拆了。爾後，市政府訴諸法律要庫爾貝賠償，最後庫爾貝敗訴並由其恢復原狀。

寶格麗(BVLGARI)、伯爵(Piaget)、梵克雅寶(Van Cleef & Arpels)、Chaumet…皆以氣派的招牌和櫥窗，吸引路人的目光。

凱凡蠟像館
Musée Grévin

MAP P.51 C1

內部裝飾融合路易十四與威尼斯洛可可風格，鍍金圓屋頂與大廳則採用巴洛克風。

如何前往

搭地鐵8、9號線於Grands Boulevards站下，步行約2分鐘；或搭地鐵3號線Bourset站下，步行約6分鐘。

info

⊙10 Boulevard Montmartre 75009 Paris
☎01 47 70 85 05 ◷平日10:00~18:00、週末9:30~19:00(閉館前一小時最後入場)；每月開放時間略有變動，請上網查詢。 ◷全票€26.5、優待票€19.5，5歲以下免費；提早3天以上線上預訂有折扣優惠。 ⊛www.grevin-paris.com

凱凡蠟像館將名人蠟像融入各種奢華、復古的場景中，你可以體驗與法國影星共飲雞尾酒的珍貴時刻，或是走進演員的後台與他合影留念，讓遊客在各年代重要名人的陪伴下，輕鬆探索法國歷史發展的足跡。

蠟像館建立於1882年，以多變的場景著稱，其中又以歌劇院最具特色，華麗的浮雕在蠟像的陪襯下，彷彿時間凍結的生活景象。館內還有一座魔幻宮殿(Palais des Mirages)，運用燈光、鏡子等光學原理創造出奇幻的視覺效果，是1900年萬國博覽會中的參展作品之一。

拉法葉百貨
Galeries Lafayette

MAP P.51 B1

如何前往

搭地鐵7、9號線於Chaussée d'Antin-La Fayette站下，出站即達；搭地鐵3、7、8號線於opéra站下，步行約4分鐘；搭RER A線至Auber站下，或搭RER E線至Haussmann Saint-Lazare站下，步行皆約4~7分鐘。

info

⊙40 Boulevard Haussmann 75009 Paris
☎01 42 82 34 56 ◷10:00~20:30，週日與國定假日11:00~20:00 ⊛haussmann.galerieslafayette.com

拜占庭式的雕花彩色玻璃圓頂是百貨代表性的景觀。

不但跨足服飾、化妝品、家居用品，還設有酒窖和生鮮熟食超市。

被暱稱為老福爺的拉法葉百貨，是最受觀光客青睞的百貨公司，匯集了所有世界知名品牌。拉法葉百貨在巴黎有2家，位於歌劇院附近的總店至今歷史超過百年，占地70,000平方公尺，為全歐洲最大的百貨公司之一，共分為主館(Lafayette Coupole)、男裝館(Lafayette Homme)和家居生活藝術商場(Lafayette Maison)。除購物外，該建築還有不少吸睛之處，包括夏季開放可眺望歌劇院一帶風光的頂樓露台，和位於1樓免費對外開放的藝術展覽廳(Le Galeries des Galeries)等。

源自1884年的a.simon，店內玻璃製品、瓷器與廚具相當受歡迎，在法國的餐廳與飯店內時常能見到a.simon品牌身影。

器物天堂。
道具街對喜歡買烘焙廚具、器材的人來說，是個值得採買的購物天堂。

道具街
Rue Montmartre

如何前往

搭地鐵4號線於Les Halles站下，步行約3~5分鐘。

◎Mora

📍13 Rue Montmartre 75001 Paris

☎01 45 08 19 24

🕐9:45~18:30(週六10:00起)

㊡週日 🌐www.mora.fr

◎a.simon

📍48 Rue Montmartre 75002 Paris

☎01 42 33 71 65 🕐9:00~19:00 ㊡週日

◎E.Dehillerin

📍18-20 Rue Coquillière 75001 Paris

☎01 42 36 53 13

🕐週二至週六9:00~19:00(週六至18:00)，週一9:00~12:30、14:00~18:00

㊡週日 🌐www.edehillerin.fr

　　巴黎道具街的商家雖然加起來也不到10家，但對想買廚房用品的人來說也算足夠，任何想要的料理、烘焙器具幾乎都買得到，特別是對法國牌子情有獨鍾的人，會發現這裡的價格比台灣便宜很多，加上在同家店購物€100以上還能退稅，可以省下不少錢。

Mora以販賣烘焙器具為主。

想買Mauviel這個許多米其林名廚愛用銅鍋的人，在E.Dehillerin可以看到最齊全的貨色。

　　另外，不在Rue Montmartre上而在相鄰一條街的E.Dehillerin，則被許多烹調達人視為必定朝聖的廚具店，店面老老的，裡頭鍋具、道具多到令人眼花撩亂，尤其是滿牆銅鍋最為吸睛。

欣賞新藝術的經典建築，
和精采的展覽。

羅浮宮和歌劇院：大皇宮

MAP
P.51
A2

大皇宮
Grand Palais·Galeries Nationales

　　大皇宮和小皇宮(Petit Palais)隔著邱吉爾大道(Avenue Winston-Churchill)而立，它們和一旁的亞歷山大三世橋都屬1900年巴黎萬國博覽會的建築，博覽會後，大、小皇宮以博物館的形式保留。

　　現今大皇宮做為展場之用，其中從邱吉爾大道正門進去的「中殿」(Nef du Grand Palais)，擁有欣賞拱形玻璃屋頂的最佳角度；至於皇宮後方羅斯福總統大道(Avenue Franklin D. -Roosevelt)的「發現宮」(Palais de la Découverte)，是一座科學發明博物館，有關物理、科學或生化方面的研究新知，都可在此尋獲。

造訪大皇宮理由

① 新藝術(Art Nouveau)的代表建築

② 國家畫廊和市立美術館的精彩展覽

③ 吃遍瑪德蓮廣場的法式甜點

皇宮屋頂以繁複的鐵鑄鍛花和圓頂透明玻璃打造而成，採光極佳，堪稱「新藝術」(Art Nouveau)的代表。

大皇宮外觀不僅壯觀，細部也以精緻的柱廊和華麗的雕刻裝飾，四端還有巨型的古希臘飛馬戰車雕像。

紀念法國總理克里蒙梭Georges Clemenceau的銅像。

位於艾森豪將軍大道(Avenue du Général Eisenhower)一側的「國家畫廊」(Galeries Nationales du Palais)，則定期舉辦各項藝術繪畫展。

不是「皇宮」的皇宮！？
其實大皇宮和小皇宮從落成到現在從來都不是真正的皇宮，和皇室沒有一點關係，只是中文翻譯如此，很多人容易搞混了。

建築欣賞

大、小皇宮和亞歷山大三世橋都是傑出的建築作品，即使不參觀內部，來這裡欣賞建築也是很值得的。

赫迪亞Hediard

曾經位於瑪德蓮廣場21號的赫迪亞是百年高級食材店，現在本店已經歇業，不過位於凡爾賽的分店還開著，不用怕找不到。
地址：1 Rue Ducis, 78000 Versailles

至少預留時間
欣賞建築外觀：半小時
參觀大、小皇宮和展覽：
3~5小時

搭地鐵1、13號線於Champs-Élysées-Clémenceau站下，步行約1分鐘；或搭地鐵1、9號線於Franklin-D.-Roosevelt站下，步行約3分鐘。

◎國家畫廊
⌂3 Avenue du Général Eisenhower 75008 Paris
☎01 44 13 17 17　⏰視展覽而異　💰視展覽而異
🌐www.grandpalais.fr
❗大皇宮自2021年起進行翻修，預計於2025年春天完工，整修期間於戰神廣場設置臨時大皇宮。
◎發現宮
⌂Avenue Franklin D. Roosevelt 75008 Paris　☎01 56 43 20 20　⏰週二~週六9:30~18:00，週日和國定假日10:00~19:00。　❌週一、1/1、5/1、7/14、12/25。　💰展覽廳全票€9、優待票€7，天文館€3。
🌐www.palais-decouverte.fr
❗發現宮自2020年底起進行翻修，預計於2025年重新開放，翻修期間於第15區Parc André Citroën設置臨時展覽空間Les Etincelles。

從瑪德蓮廣場到協和廣場，法式美食配上美景。

 MAP P.51 A2

小皇宮‧巴黎市立美術館
Petit Palais‧Musée des Beaux-Arts de la Ville de Paris

如何前往

搭地鐵1、13號線於Champs-Élysées - Clemenceau站下，步行約2分鐘；或搭地鐵9號線於Franklin D. Roosevelt站下，步行約8分鐘。

> 從精巧的拱形金色鐵鑄大門進入，右側是需收費的特展展覽館，左側則是可免費參觀的永久展覽館。

info

🚇 Avenue Winston Churchill 75008 Paris

📞 01 53 43 40 00

🕙 10:00~18:00(週五~週六特展至20:00)

🚫 週一、1/1、5/1、7/14、11/11、12/25。

💲 常設展免費，特展視展覽而異。

🌐 www.petitpalais.paris.fr

建築中間環抱著半圓型的古典花園。

小皇宮由建築師Charles Girault設計，現在是巴黎市立美術館。外觀和大皇宮類似，同樣以新藝術風格的柱廊、雕刻和圓頂展現迷人風采，但規模小巧得多。

巴黎市立美術館雖然以法國美術品為主，但永久展仍收集了不少荷蘭、比利時、義大利地區藝術家作品，其中包括Jean-Baptiste Carpeaux、Jules Dalou、Guimard、Jean-Joseph Carriès、Jean-Édouard Vuillard等知名雕塑家或畫家的作品，以及巴比松畫派(Barbizon)和印象派(Impressionism)的畫作，種類從小型的

展場以年代區分展區，包括1樓和地下1樓，1樓的展示以18、19世紀和1900年代巴黎繪畫藝術作品為主。

地下1樓的館藏則是古希臘、羅馬帝國時期的文物和東西方基督教世界文物。

繪畫、織品、彩陶，到大型的雕塑、家具都有，收藏豐富。

羅浮宮和歌劇院：大皇宮

Did YOU KnoW

遊客賺很大！建築本身就是藝術。

整個小皇宮的內部裝飾，都是由巴黎市議會選出知名藝術家的創作，像是大門正廳的裝飾畫，就是阿爾貝爾‧貝斯納(Albert Besnard)的作品；北側長廊的巴黎發展史版畫，則是費爾南‧柯爾蒙(Fernand Cormon)的手藝等。所以對藝術有崇高興趣的遊客們，不妨多花些時間，多看看這些名家的各項創作。

杜樂麗花園
Jardin des Tuileries

 MAP P.51 B2

杜樂麗花園位於羅浮宮與協和廣場之間，原本是法王亨利二世的妻子凱薩琳·梅迪奇(Catherine de'Medicis)於1564年時創建的杜樂麗宮(Palais des Tuileries)的花園，該宮殿於19世紀末巴黎公社起義的動盪時期遭到破壞，如今只剩下杜樂麗花園和移至羅浮宮中央廣場的卡胡塞爾凱旋門被保存下來。

一邊依傍塞納河，栗樹、萊姆樹及五彩繽紛的花朵為杜樂麗花園帶來靜謐，每到週末時分，許多小朋友在爸媽帶領下到這裡騎小馬、坐摩天輪，煞是溫馨。

如何前往
搭地鐵1、8、12號線於Concorde站下，或搭地鐵1號線於Tuileries站下，皆出站即達。

info
◐ 9月最後一個週日~3月最後一個週六7:30~19:30，3月最後一個週日~9月最後一個週六7:00~21:00（6~8月至23:00）。
⑤ 免費

整體整齊清爽的景觀設計，是典型法國花園的特色。

羅浮宮和歌劇院：大皇宮

杜樂麗花園看帥氣的騎警！
美麗的杜樂麗花園，是最容易碰上騎馬的警察之處，想要一賞這英雄帥姿，千萬不能錯過！

青銅雕塑作品添加些許莊嚴氣氛。

坐在花園的大池塘邊，或在露天咖啡座喝杯咖啡，是感受巴黎式悠閒的最佳體驗。

橘園美術館
Musée de l'Orangerie

MAP P.51 B2

如何前往

搭地鐵1、8、12號線於Concorde站下，步行約6~8分鐘。

info

⊕ Jardin des Tuileries 75001 Paris

☎ 01 44 50 43 00　⊙ 9:00~18:00，售票至17:15

㉻ 週二、5/1、7/14上午、12/25。

⑤ 全票€12.5、優待票€10，每個月第一個週日免費

⊕ www.musee-orangerie.fr

　數年前閉館整修的橘園美術館，在2006年5月重新開放後，旋即又成為愛好藝術人士的熱門參觀點。博物館本為1853年時興建於杜樂麗花園內的橘園建物，後以收藏印象派的作品聞名。

　除了莫內的《睡蓮》，地下1樓還有印象派末期到二次大戰左右的作品，像是塞尚(Paul Cézanne)、雷諾瓦(Pierre-Auguste Renoir)、馬諦斯(Henri Matisse)以及畢卡索

莫內(Claude Monet, 1840~1926)於1919年完成的名作《睡蓮》(Les Nymphéas)是鎮館之寶。

雷諾瓦的《鄉下的裸女》(Femme nue dans un paysage)。

畢卡索的《巨大的沐浴者》(Grande baigneuse)。

塞尚的《紅屋頂景觀》(Paysage au toit rouge)。

(Pablo Picasso)的畫作，在一間博物館中可同時欣賞到多位世界級大師的作品，也是橘園最吸引人之處。

瑪德蓮教堂
Église de la Madeleine

如何前往
搭地鐵8、12、14號線於Madeleine站下，出站
即達；或搭RER A線至Auber站，步行約8分鐘。

info
⌖Place de la Madeleine 75008 Paris

☎01 44 51 69 00　⏰9:30~19:00

💲免費

🌐lamadeleineparis.fr

　祝聖於1842年、新古典主義風格的瑪
德蓮教堂，由52根高20公尺、直徑1公尺
的科林斯式柱，撐起風格迥異於巴黎其
他教堂的希臘神殿式外觀。

　教堂唯一的光源來自於三座小圓頂，自
然採光讓內部鍍金的細膩裝飾，在灰濛
濛的光影下更添美感。教堂內以大理石
和鍍金雕飾和雕像，都不容錯過。

南面山牆《最後的審判》
(Le Jugement Dernier)雕
刻出自Lemaire之手，值得
細細觀賞。

教堂祭台後方的《聖母升
天像》是參觀重點。

青銅門上是由Henri de
Triqueti製作的聖經《十
誡》(Le Décalogue)浮雕。

入口左邊由法蘭斯瓦·路
德(Fran ois Rude)雕刻的
《基督受洗》(Baptism of
Christ)。

位於17號的瑪黑兄弟(Mariage Frères)創立於1854年，是法國頂級茶葉的代表。

羅浮宮和歌劇院：大皇宮

這座巴黎人氣廣場還和美食有著密不可分的關係——它是全巴黎高級食品店最密集的區域，知名的店家都在這裡。

瑪德蓮廣場
Place de la Madeleine

MAP P.51 B1

如何前往

搭地鐵8、12、14號線於Madeleine站下，出站即達；或搭RER A線至Auber站，步行約8分鐘。

info

◎佛雄Fauchon

🏠11 Place de la Madeleine Paris

☎07 78 16 15 40

🕐10:30~14:00、15:00~18:30 休週日、週一

🌐www.fauchon.com

◎松露之家Maison-de-la-truffe

🏠19 Place de la Madeleine Paris

☎01 42 65 53 22

🕐商店10:00~23:00；餐廳11:30~18:00、19:00~22:30

休週日 🌐www.maison-de-la-truffe.com

◎ Caviar Kaspia

🏠17 Place de la Madeleine Paris

☎01 42 65 33 32 🕐10:00~23:00

休週日 🌐caviarkaspia.com

◎瑪黑兄弟Maison de Thé Mariage Frères

🏠17 Place de la Madeleine Paris

☎01 42 68 18 54 🕐10:30~19:30

休週日 🌐www.mariagefreres.com

◎Maille

🏠6 Place de la Madeleine Paris

☎01 40 15 06 00 🕐10:00~19:00

休週日 🌐maille.com

創立於1886年的佛雄，原在瑪德蓮廣場旁有兩間店面，在歷經2020年申請破產保護後，兩間歷史老店也隨之關閉；目前於瑪德蓮廣場重新設立商店、酒店與餐廳。

位於19號的松露之家(La Maison de la Truffe)是選購松露和品嘗生扇貝佐Brumale松露的絕佳地點。

創於1927年，位於17號的Caviar Kaspia以魚子醬的奢華口感聞名，一樣有附設餐廳。

法國大文豪普魯斯特(Marcel Proust)在他如史詩般的自傳式小説《追憶似水年華》(À la Recherche du Temps Perdu)中，因一種名為瑪德蓮(Madeleine)的海綿蛋糕而引發源源不絕童年回憶，這位意識流的法國作家，曾在瑪德蓮廣場9號的雙親家住過一段時間。不過瑪德蓮廣場的名稱並非來自於這種蛋糕，而是和聳立於中央的瑪德蓮教堂有關。

橋的兩端四邊各有一座17公尺高、頂端聳立一尊繆司女神及其坐騎飛馬帕格薩斯的金黃色雕像。

亞歷山大三世橋
Pont Alexandre III

MAP P.51 A2

如何前往

搭地鐵8、13號線或RER C線於Invalides站下，或搭地鐵1、13號線於Champs-Élysées-Clémenceau站下，步行約3~5分鐘。

亞歷山大三世橋興建於1896~1900年，因1893年法與俄羅斯聯盟，而以俄國沙皇亞歷山大三世為名，其子尼古拉二世(Nicholas II)親自前來奠基。

橋上大量的裝飾出自Joseph Cassien-Bernard和Gaston Cousin兩位建築師之手，堪稱巴黎所有橋中氣勢最磅礴的一座。橋面本身除了一盞盞新藝術風格的路燈外，還有許多天使、水中寧芙女神(nymphs)等雕像，也是欣賞重點。

在2024年巴黎奧運中，協和廣場更化身為奧運新增項目霹靂舞、自由式小輪車、滑板以及男子三對三籃球等比賽場地。

坐落於中央的埃及方尖碑擁有3,000多年歷史，是埃及贈送給法國的禮物，1833年時遠渡重洋抵達巴黎。

協和廣場
Place de la Concorde

MAP P.51 B2

如何前往
搭地鐵1、8、12號線於Concorde站下，出站即達。

興建於18世紀，協和廣場最初稱之為路易十五廣場，用以展示國王雕像，之後更名為革命廣場，1793~1795年間，包括路易十五、瑪麗皇后在內，共有1,000多人在此被處決，斷頭台取代了國王雕像。為了一洗血流成河的慘烈歷史，此廣場最後重建並正名為協和廣場。

噴水池為協和廣場帶來嶄新氣象，周圍8座以法國城市命名的雕像，使得協和廣場在法國政治上具有象徵意義，這裡是國慶閱兵及大小遊行示威的重要據點。

古城區和新興的藝文特區，體驗不同的巴黎風貌。

巴士底和瑪黑區
Entre la Bastille - le Marais

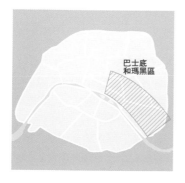

巴士底
和瑪黑區

昔日巴士底廣場上的巴士底監獄，已被象徵自由的「七月柱」所取代，這裡是法國大革命的起點，如今成為許多遊行活動的集合地點，傳承著法國人最引以為傲的自由開放精神。緊鄰巴士底西側的瑪黑區，名稱原意為「沼澤」，打從13世紀中葉到17世紀間一直都是貴族聚集的區域，許多像是蘇利府邸之類的豪宅見證著這段歷史，不過後來卻成為勞工階級的住宅區，洋溢著敗破的氣氛，直到20世紀下半葉經過重整後再現美麗風貌，吸引餐館、畫廊、服裝店、同志酒吧入駐，成為巴黎新興的藝文特區。

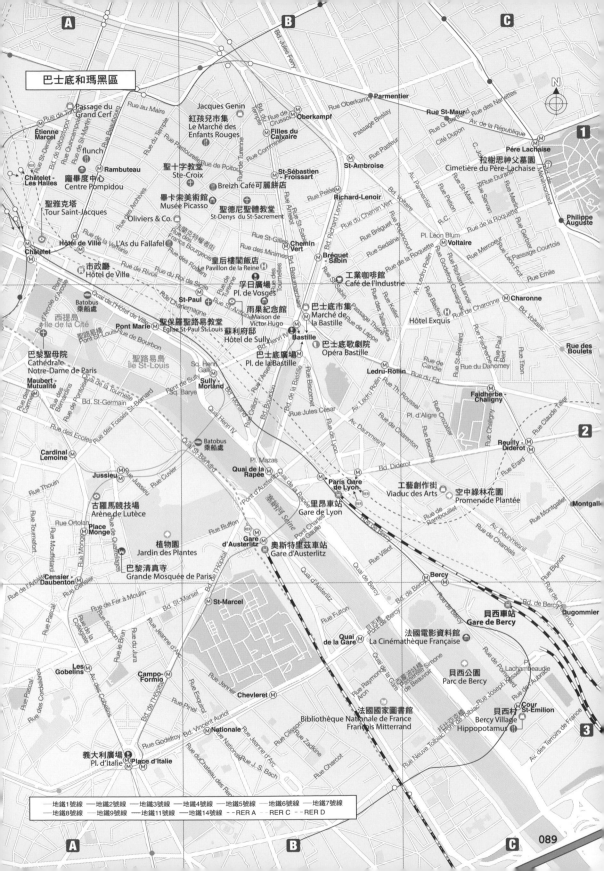

參觀前衛的**龐畢度中心**，
接受**現代藝術**的洗禮。

巴士底和瑪黑區：龐畢度中心

MAP
P.89
A1

龐畢度中心
Centre Pompidou

造訪龐畢度中心理由

1. **現代藝術**和**當代藝術**的**最高殿堂**，擁有豐富的館藏。

2. **前衛風格**結合高科技，**顛覆傳統的建築**。

3. 巴黎市中心的**最佳觀景台之一**。

龐畢度中心能在巴黎誕生，得歸功於法國已故總統喬治‧龐畢度(George Pompidou)於1969年提出的構思。在興建一座全世界最大的當代藝術中心的願景下，從681件知名建築師設計圖中，選出藍佐‧皮亞諾(Renzo Piano)與理查‧羅傑斯(Richard Rogers)的設計圖，並於一片爭議聲中動工。龐畢度中心於1977年1月正式啟用，不幸的是，喬治‧龐畢度已在這段期間過世，無緣看到文化中心的成立，為紀念他便以他的名字命名。龐畢度文化中心曾於2000年大幅整修後重新開幕，展示空間也更為摩登。

即使以現代的眼光來看，龐畢度中心的風格依舊十分前衛和後現代，令人不得不佩服70年代的兩位建築師。

怎麼玩
龐畢度中心才聰明？

免費參觀 每個月的第一個週日博物館和兒童藝廊都免費開放。

延長開放時段 每週四晚上延長開放至23:00，這個時段通常遊客也比較少，很適合不想被打擾的人。

公共圖書館 龐畢度中心內的公共資訊圖書館免費開放，除了看展覽也別錯過了喔。

至少預留時間
欣賞建築，登上觀景台：1小時
參觀各樓層展覽：3~5小時

搭地鐵11號線於Rambuteau站下，步行約2分鐘；或搭RER A、B、D線於Châtelet Les Halles站下，步行約12分。

🏠 Place Georges Pompidou 75004 Paris
☎ 01 44 78 12 33
🕐 11:00~21:00(兒童藝廊至19:00、6樓藝廊週四至23:00)，售票至閉館前60分鐘。
🚫 週二、5/1。
💲 常設展全票€15、優待票€12，18歲以下免費；特展套票視展覽而異。
🌐 www.centrepompidou.fr

巴士底和瑪黑區：龐畢度中心

龐畢度中心的台灣之光！
台灣藝術家李明維連續2017、2018年受邀至旁中心展廳表演，尤其是2018年作品《聲之綻》創造出有一般的形式，由聲樂家在展廳中行走，隨機挑選民眾獻唱舒波特曲目，十分特別。同時，李明維也是台灣首位受邀至法國國立現代美術館展廳表演的藝術家。

©Centre Pompidou

逐漸消失的設計創意

龐畢度中心設計上一反傳統，外露的管線系統被反對人士稱為「市中心的煉油廠」。而最初設計中，黃色線管包覆電子線路，水管則漆成綠色，空調管是藍色，自動扶梯和其他安全設施是以紅色為代表，如此造就鮮豔的色彩視覺。不過，後來顏色編碼被移除，不少結構轉漆成白色，讓舊有的創意，逐漸消退。

現代藝術作品的收藏包括馬諦斯(Henri Matisse,1869~1954)、畢卡索(Pablo Picasso, 1881~1973)和夏卡爾(Mare Chagall,1887~1985)等大師。

龐畢度中心平均每年都會更新各樓層的展覽，以現代及當代的重要藝術作品為主，內容涵蓋畫作、裝置藝術、影像及雕塑等。

有別於傳統美術館，龐畢度中心將重點放在推動當代藝術以及提供公共閱讀空間上，經常給予參觀者不同的驚喜。

看展覽也別忘了欣賞前衛的建築喔！

正面建築

正面建築和廣場相連，是美術館的入口，廣場上最引人注目的是那幾根像是大喇叭的白色風管，建築師刻意把廣場的高度降到街道地面下，因此即使這麼前衛風格的造型，也不會和四周的19世紀巴黎公寓格格不入。

正面建築另一令人印象深刻的，則是造型如透明水管的突出電扶梯，沿著正面的立面一階階往上，搭著電扶梯的人群就像是管子裡的輸送物，被分送到各自前往的樓層。龐畢度中心1樓為大廳及書店，2樓和3樓是圖書館，4~5樓是當代和現代藝術博物館。

背面建築

外觀看起來就像是座大型機器的龐畢度中心，建築的三向立面——正面、背面及底座，各有不同的設計基調，但一致的語言就是「變化」和「運轉」。

背面建築作為圖書館的入口，各種顏色鮮豔的管子是這一面的特色，代表不同的管路系統，空調系統為藍色，電路系統為黃色，水管為綠色，電梯和手扶梯為紅色，五顏六色的水管顯露在外，成為龐畢度主要的識別面貌。

由米羅(Miro)、Richier、Ernst三位藝術家創作的戶外雕塑及露天水池，是摩登的龐畢度中心開闊的清新空間，由於樓層甚高，中心旁又無高建物遮蔽，因此可以眺望到聖心堂和鐵塔，景色優美。推開玻璃門走近水池旁，似乎能頃刻置身於巴黎之上，在黃昏的光線下，方形的水面折射出雕塑的倒影，呈現極為美麗的視覺效果。

5樓雕塑露台

5樓現代藝術館

這裡的收藏以1905~1965年代的現代藝術為主，在41間展示不同藝術家作品的房間裡，畢卡索(Picasso)和馬諦斯(Matisse)兩位大師，可說是本區的主將。

伊果史塔文斯基廣場 Place Igor Stravingsky

4樓當代藝術館

龐畢度中心平均每年都會更新各個樓層的展覽，這一樓以1965~1980年的當代重要藝術創作為主，約集結了東西方55個國家、180位藝術家的作品，內容涵蓋畫作、裝置藝術、影像及雕塑。

位於龐畢度文化中心後方，後有聖梅希教堂(Église Saint-Merri)，介於兩座前衛和古典的建築之前，這個廣場以其彩色活動的噴水池聞名。

廣場上色彩豐富的動態噴泉，由Jean Tinguely及Niki de Saint-Phalle夫妻檔所設計，也是巴黎第一個動態噴泉，吸引許多人駐足觀賞，假日廣場前也是街頭藝人喜愛表演的場地之一。

在充滿文藝氣息的瑪黑區，看完現代藝術還有古蹟跟畢卡索美術館！

大時鐘下寫著自由、博愛、平等，代表著法國的精神。

《市政廳之吻》
(Le Baiser de l'Hotel de Ville)

1950年時，法國知名攝影師Robert Doisneau受美國《Life》雜誌之邀，拍攝一系列以巴黎戀人為主題的照片，其中名為《市政廳之吻》(Le Baiser de l'Hotel de Ville)的照片，不但成為代表作，照片中的情侶更被譽為「永恆的戀人」，市政廳美麗的輪廓也深植人心。

Did YOU KnoW

冬夜變身收容所

巴黎市政廳白天是辦公處所，冬夜則視時開放成為流浪漢的收容所，並且針對婦女給予安全保護。

👁 **MAP P.89 A1** 市政廳
Hôtel de Ville

如何前往

搭地鐵1、11號線於Hôtel de Ville站下，出站即達。

info

📍 Pl. de l'Hôtel de Ville 75004 Paris

☎ 01 42 76 40 40

🌐 www.paris.fr

位於塞納河畔的市政廳，原本是1357年由巴黎市政府買下的一座名為「柱屋」(Maison aux Piliers)的房子，當時便做為巴黎市的行政中心。到了1533年，法蘭斯瓦一世(François I)決定替這座歐洲的大都會興建一棟符合其身分的市政廳，於是聘請了義大利建築師替這座屋舍賦予它文藝復興的面貌。不幸的是市政廳在法國大革命期間被燒之殆盡。今日市政廳富麗堂皇的外觀，是1873~1892年間以昔日風格重建而成的。

主要展場在1樓，2樓有特展，3樓則是圖書館和檔案室。

畢卡索1904年創作的《賽樂絲汀娜》(La Célestine)。

畢卡索1970年創作的《坐著的女孩》(Jeune fille assise)。

畢卡索1907年創作的《舉起雙手的全裸亞維儂少女》(Les Demoiselles d'Avignon" : nu de face aux bras levés)。

博物館的前身是棟名為Hôtel Salé的建築，其主人是一名因收取鹽稅而致富的封建領主，也因此這棟豪宅被稱為「鹽府」。

MAP P.89 B1

畢卡索美術館
Musée Picasso

如何前往

搭地鐵1號線於St-Paul站下，或搭地鐵8號線於St-Sébastien Froissart、Chermin Vert站下，皆步行約6~8分鐘。

info

🏠 5 Rue de Thorigny 75003 Paris

☎ 01 85 56 00 36

🕙 10:30~18:00(週末和國定假日9:30起)；每月第一個星期三至22:00，閉館前45分鐘最後入場。

🚫 週一、1/1、5/1、12/25。

💰 全票€14、優待票€11，18歲以下免費，線上預訂費€1；每月第一個週日免費入場。

🌐 www.museepicassoparis.fr

在巴黎度過大半生的西班牙畫家畢卡索，後代為抵其遺產稅而將其一大部分的畫作贈予法國政府，促成了這間畢卡索博物館的誕生。

DiD YOU KnoW

畢卡索其實不叫畢卡索

其實畢卡索的真正全名叫作巴伯羅‧迪高‧何西‧弗朗西斯科‧德‧保拉‧胡安‧納波穆切諾‧瑪麗亞‧德‧洛斯‧雷美迪奧斯‧西普里亞諾‧德‧拉‧聖蒂西馬‧特林尼達德(Pablo Diego José Francisco de Paula Juan Nepomuceno María de los Remedios Cipriano de la Santísima Trinidad Martyr Patricio Clito Ruíz y Picasso)，據說這是他受洗後的教名，一連串字彙中包含多位聖徒和親戚。

今天博物館內收藏了超過5,000件以上畢卡索的作品，領域橫跨畫作、雕塑、素描、陶器，甚至詩作，除了畢卡索的作品外，還有他的個人收藏，包括塞尚、盧梭、米羅及雷諾瓦等人的畫作。

聖雅克塔
Tour Saint-Jacques

MAP P.89 A1

如何前往

搭地鐵1、11號線於Hôtel de Ville站下，或搭地鐵1、4、7、11、14號線於Châtelet站下，皆步行約3分鐘；或搭RER ABD線至Chatelet Les Halles站下，步行約6分鐘。

info

⌖Square de la tour Saint-Jacques 75004 Paris

☎01 78 90 26 67 ●5月中~11月中週五~週日10:00~18:00，每小時開放入塔；每年開放時間略有變動，請上網查詢。

⊗11月中~5月中、5月中~11月中週一~週四

⊙全票€12、優待票€10

⊕boutique.toursaintjacques.fr

　以大量裝飾展現火焰哥德式風格的聖雅克塔，是16世紀「屠宰場的聖雅克教堂」(Eglise Saint-Jacques-de-la-Boucherie)的部分遺跡，這間教堂當時是獻給12使徒之一的大雅克 (Jacques le Majeur)，由富有的大盤商屠夫們出資興建，據説曾收藏聖雅克的聖骨，落成於1523年的它同時是法國朝聖之路 (Les Chemins de Compostelle)的起點，通往位於西班牙的終點聖地牙哥 (Santiago de Compostela)，也因此即使18世紀末拆除了教堂，如今只剩下高52公尺的塔樓，仍於1998年時被聯合國教科文組織列為世界遺產。

塔基有一尊科學家布萊斯‧帕斯卡(Blaise Pascal)的雕像，紀念他的氣壓實驗。此外塔頂還設有氣象實驗室。

約建於1835年，販售的商品大多帶有創作者的強烈個人風格。

Passage du Grand Cerf

Passage du Grand Cerf

MAP P.89 A1

如何前往

搭地鐵3號線於Réaumur-Sébastopol站下，或地鐵4號線於Étienne Marcel站下，步行皆約3~4分鐘。

info

⌖145 Rue Saint-Denis 75002 Paris ●各店不一，約週一~週六8:30~20:30。⊗週日

　Passage du Grand Cerf內有許多很有特色的商店。Eric & Lydie是間銅器飾品店，裡頭有許多手工製的手環、項鍊、耳環等飾品，做工細膩令人愛不釋手。Rickshaw是一家充滿民族風情的個性小店，老板從印度引進許多家居用品，如果想將家中打造具有異國氣息又不失個人品味，來這裡可以尋到很多寶貝。其他還有以毛線與織品為主的Lil Weasel、替燈具帶來新生命的Le Labo，和古著服飾店ALE Paris等等，都可以花點時間逛逛。

巴士底和瑪黑區：龐畢度中心

097

來異國美食雲集的紅孩兒市集，用美味和藝術品填滿行程。

巴士底和瑪黑區：龐畢度中心

紅孩兒市集
Le Marché des Enfants Rouges

🏠 **39 Rue de Bretagne 75003 Paris**

建立於17世紀的紅孩兒市集，是巴黎現存最古老的室內市集，紅孩兒的名字是源自這附近曾有一座孤兒院，裡頭的小孩都穿著由慈善人士捐助的紅衣裳，市集以紅孩兒為名既響叮噹又好記。

這座市集販賣水果、蔬菜、花卉，也賣各種冷盤、熟食，因此，不管是想買料理食材，或是想來飽餐一頓的人，都可以來這裡晃晃。

這裡有點兒像台灣的美食街，一攤一攤賣著各種不同料理，而且種類多元，從美式、義大利，到黎巴嫩、摩洛哥、墨西哥、非洲和日本、韓國美食甚至素食…都嘗得到；點完菜帶著自己的餐盤找個位子坐下，就可以舒服地用餐，而且價格親民，準備€10~15元就能飽餐一頓。

🔲P.89B1 🚇搭地鐵8號線於Filles du Calvaire站下，或搭地鐵3號線至Temple站，步行皆約5~8分鐘。 ☎ 01 40 11 20 40

🕐8:30~19:30(週日至14:00) ❌週一

Chez Alain Miam Miam
三明治

🕐9:00~17:00 ❌週一、週二

來到紅孩兒市集很難不注意到這間三明治專賣店，這裡的人潮總是市集裡最多的，老闆一邊製做三明治一邊會和排隊的客人們互動，十分活潑有趣。這裡的三明治被稱作巴黎最美味的三明治，新鮮的起司、蔬菜和肉品夾在浸過橄欖油的麵包中再烤過，香氣四溢，層次感十足，難怪吃上一份要排至少一個小時。

Le Traiteur Marocain
北非料理

🕐9:00~18:30(週日至17:00) ❌週一

異國美食是紅孩兒市集的特色，這間摩洛哥餐廳就以北非的傳統食物出名，一樣是市集中的排隊名店。北非料理的主食是小米，配上肉類、蔬菜再淋上醬汁，異國風味十足，主食也是米飯的我們很容易就能喜歡上。

flunch
自助餐

🏠 **21 Rue Beaubourg 75003 Paris**

這是家法國連鎖自助餐廳，裡頭可以依自己的預算挑選喜好的食物，重點是不貴便可以吃飽飽。

一進去flunch，最先看到自助吧台，裡頭有各式前菜冷盤、生菜沙拉、甜點小食…這裡的食物有的是以盤計價，不管拿什麼都盡量裝，價格都依你選擇盤子的大小而定；另一種就是整份(盤)食物寫明價格了。不過，flunch真正讓人覺得物超所值的是它的主菜和附餐區，這裡的主餐必須到櫃檯點選；點完後再去取主餐，而一旁的附餐區裡的配菜，如薯條、薯泥、青菜、水煮豆、紅蘿蔔、飯麵、水…都可以任意取用而且「吃到飽」，所以許多內行人不會到自助吧消費前菜冷盤或點心，而是把重點放在這一區；畢竟來這裡的人都知道，flunch的食物不見得多美味，但無限供應的附餐，一定都能讓人吃很飽。

🔲P.89A1 🚇搭地鐵11號線於Rambuteau站下，步行約2分鐘。 ☎ 01 40 29 09 78

🕐11:00~22:00 💲主菜€7.99起 🔄 www.flunch.fr

l'As du Fallafel

中東傳統小吃

Fallafel 三明治 €6~8.5
推薦菜

🏠 **34 Rue des Rosiers 75004 Paris**

法文Fallafel就是英文的Falafel，也就是所謂的「炸豆丸子」，這是一種以鷹嘴豆泥加上調味料做成的油炸鷹嘴豆餅，是中東國家一帶流行的庶民小吃。

店名望文生義，自然是以做Falafel為主。菜單就貼在門口，等待的時間不妨輪流先去看想吃什麼，以節省點菜的時間；點餐後不消幾分鐘，就會拿到一份美味的Fallafel；這裡的食物都會以英文加註解釋，像沙威瑪(Schawarma)就是將Fallafel和羊肉、火雞肉這3樣食物一起裝呈在一種稱Pita的麵餅裡，整個餡料滿滿的非常豐富，其中Fallafel吃起來有著多種香料混著咖哩的香氣，炸著酥酥的但不過乾，再沾著一點酸黃瓜和店家特製的優格一起食用，超級美味；敢吃辣的人還可以加一點莎莎醬。這裡的肉類除了羊，還有雞和牛，另外還有素食選擇。

🔴P.89A1 🚇搭地鐵1號線於Saint-Paul站下，步行約3~5分鐘。 ☎01 48 87 63 60 ⏰11:00~23:00(週五至15:00) 🚫週六 💲素食Fallafel€6、沙威瑪€13

📖 **認識可麗餅**

來到法國，有機會自然要嘗嘗可麗餅，這個源自布列塔尼地區的薄餅，在法國不僅是當點心，也可以做為正餐。

在台灣我們一般吃到的是甜的可麗餅，但在法國，可麗餅有甜鹹兩種吃法，前者多以小麥粉做成，鹹的則用蕎麥粉，法式鹹可麗餅是做成正方形，煎得深褐帶著焦香的餅皮依口味不同，加上火腿、起士或肉類、蔬菜，中間再打上一顆蛋，味道濃厚香鹹，和甜餅滋味很不一樣；法國人喜歡吃完鹹的可麗餅再點個甜的，甜的可麗餅呈圓弧三角形，從最簡單的餅皮加上檸檬薄片的原味可麗餅，到加了冰淇淋、淋上糖漿或巧克力的多種口味，奶油味道都特別濃郁，餅皮則是柔軟厚實，嘗一口便有幸福的感覺。

Breizh Café 可麗餅店

輕食、點心

可麗餅 €8.5~12.8
推薦菜

🏠 **109 Rue Vieille du Temple 75003 Paris**

Breizh Café除了開在首都巴黎、布列塔尼的康卡爾(Cancale)和聖馬洛(Saint-Malo)，在日本也有分店；這家位於巴黎瑪黑區的分店，則被眾多美食導覽書或網站視為全市最好吃的可麗餅店，店內空間小小的位子也不太多，加上盛名遠播，如果不事先訂位，就得要有排隊的心理準備。

Breizh Café標榜食材都使用有機原料，連雞蛋的來源都是找本地有機餵養、自由放養的雞，再依不同口味加入當季新鮮食材。除了可麗餅，店內來自布列塔尼的生蠔和蘋果酒，同樣被視為佐餐的最佳拍檔。

🔴P.89B1 🚇搭地鐵8號線於Saint-Sébastien - Froissart站或Filles du Calvaire站下，步行皆約7分鐘。 ☎01 42 72 13 77 ⏰11:00~23:00 💲可麗餅€5.9~14.5 🌐www.breizhcafe.com

法國大革命的發源地，巴黎人的
重要精神象徵**巴士底廣場**。

造訪羅浮宮理由

① 前身是巴士底監獄，法國
大革命的發生地點。

② 歷史悠久的巴士底市集

③ 巴黎的夜生活重要據點

MAP
P.89
B2

巴士底廣場
Place de la Bastille

巴士底和瑪黑區：巴士底廣場

14世紀時這裡原為堡壘，之後被法王路
易十一世(Louis XI,1423~1483)改建為監
獄。1789年法國大革命期間，人民攻占了
巴士底監獄，摧毀了皇權的象徵，堡壘的
石頭被分送到法國各地，紀念曾遭受皇室
迫害的人。

巴士底早期充斥著工廠及倉儲，氣氛冷
清。1950年代後因都市規畫，工廠逐漸移
往郊區，藝廊、爵士酒吧、小酒館…開始
紛紛進駐。其中以歌劇院區左側的侯葛
特路(Rue de la Roquette)、行人徒步區的
拉普小巷(Rue de Lappe)、夏洪尼路(Rue
de Charonne)，和奧貝康普普路(Rue
Oberkamf)最為熱鬧。

法國最重要的「巴士底日」

法國的國慶是7月14日，巴黎民眾就在1789年的這天攻陷了巴士底監獄，開啟法國大革命，因此這天又稱為「巴士底日」。2016年法國尼斯遭受恐怖攻擊，也是選擇這天，重重打擊法國人的心。

廣場中央聳立的七月柱(Colonne de Juillet) 高51.5公尺，是為了紀念法國大革命200週年所建，最上方有一尊金色的自由守護神雕像。

怎麼玩
巴士底廣場才聰明？

市集營業時間

巴士底市集只有每週四和週日的早上7點到下午1點半會出現，記好時間才不會撲空！

晚上更熱鬧

現在的巴士底是夜生活重要據點，各種風格的酒吧穿插新興的設計師商店，吸引年輕人在此遊盪。

巴士底和瑪黑區：巴士底廣場

至少預留時間
參觀廣場和周邊：30分鐘
逛市集：1小時

搭地鐵1、5、8號線於Bastille站下，出站即達。

巴黎最熱鬧的傳統市集和現代風格的歌劇院

MAP P.89 B2 **巴士底歌劇院**
Opéra Bastille

如何前往

搭地鐵1、5、8號線於Bastille站下,出站即達。

info

⊙Place de la Bastille 75012 Paris ☎01 40 01 18 50 ◐參觀內部需參加導覽行程(9~7月中),行程約75分鐘,時間與集合地點請上網或至歌劇院櫃台查詢。演出的時間視表演而異。 ㊡週日、1/1、5/1、7月中~8月 ⑤全票€17、優待票€9~12。演出的價格視表演而異。 ⊕www.operadeparis.fr ❶參加導覽行程須年滿10歲,且需穿不露腳趾鞋。

巴士底歌劇院前身為萬森車站,1985年在當時的法國總統密特朗的主張下拆除,並找了建築師Carlos Ott重新設計,於1989年7月14日法國大革命200週年紀念正式開幕啟用。其大廳內可容納2,700位觀眾,且擁有完善的舞台設施,是民眾欣賞藝文表演的好地方。

巴士底歌劇院前衛的設計在動工之初曾飽受非議,認為和一棟造型新穎的辦公大樓並無二致,不過在實際使用數年後,終於得到巴黎人的認可,讚歎它的壯麗美觀與實用價值兼備。

被稱為「大眾歌劇院」的巴士底歌劇院,有別於加尼葉歌劇院古典造型,外觀為現代幾何圓柱形,並以金屬和大型透明窗戶打造而成。

市集裡也有賣手工藝品的攤販。

巴士底市集可說是活力四射,各種蔬果、花卉、乳酪、麵包、肉類小攤,不僅產品新鮮、選擇多樣,而且價格便宜。

MAP P.89 B2 **巴士底市集**
Marché de la Bastille

如何前往

搭地鐵1、5、8號線於Bastille站下,或搭地鐵5號線於Richard Lenoir、Bréguet Sabin站下,皆步行約2~4分鐘。

info

⊙Boulevard Richard Lenoir 75011 Paris ☎01 48 85 93 30 ◐週四7:00~13:30、週六7:00~14:30

這個歷史悠久的露天市集位於Bd. Richard Lenoir上,沿著巴士底廣場至聖莎班路(Rue Saint-Sabin)的交叉地段延伸,擁有各種的攤位。事實上,早年這裡就曾經是一年一度的知名跳蚤及火腿農產品市集,但該市集被迫遷往郊區後,如今只剩下這個每週四、日舉辦的傳統市集了。

來歷史悠久的孚日廣場，參觀大文豪雨果的家。

雨果紀念館
Maison de Victor Hugo

MAP
P.89
B2

如何前往

搭地鐵1、5、8號線於Bastille站下，或搭地鐵8號線於Chermin Vert站下，皆步行約5分鐘。

info

📍6 place des Vosges 75004 Paris

☎01 42 72 10 16

❌週一和國定假日

🕐10:00~18:00，閉館前30分鐘最後入場

💰永久展免費，特展視展覽而異。

🌐www.maisonsvictorhugo.paris.fr

雨果紀念館位於孚日廣場的東南隅，這位寫下《鐘樓怪人》(Notre-Dame de Paris，原名為《巴黎聖母院》)等多部膾炙人口作品的19世紀法國著名文學家，曾帶著妻子和4個小孩在此居住長達16年(1832~1848年)的時間，並於此期間完成大

大文豪維克多・雨果(Victor Hugo)

雨果是法國最偉大的作家之一，同時也是個思想家，引領了法國19世紀的浪漫主義文學運動。他的代表作品《悲慘世界》和《巴黎聖母院》都是家喻戶曉的經典。他也十分關心社會和時事，積極參加社會運動。因為他在法國人心目中的崇高地位，死後被葬在萬神殿。

部分《悲慘世界》(Les Misérables)的手稿。

而這棟宅邸是孚日廣場上最大的建築，1902年時才改建為雨果紀念館，如今館內規畫為3層空間對外開放，1樓為書店，2樓為特展空間，不定期舉辦與雨果相關的主題展。

3樓的永久展，重現雨果一家人居住於此的模樣，並以素描、文學作品、照片畫像和雕像等，展示雨果不同時期的生活。

工作室(Cabinet de Travail)勾勒成年後的雨果生活，他就是在這個房間完成了《悲慘世界》的創作。

臥室(La Chambre)說明雨果的人生如何走向終點，他在這裡度過了人生最後一個階段。

前廳 (L'Antichambre) 是雨果度過青少年時期的地方。

紅廳(Le Salon Rouge)展出了雨果家庭成員的畫像和一些他的收藏。

中國廳(Le Salon Chinois)展現了他對東方文化和裝飾的熱情。

飯廳(Le Salon à Manger)別出心裁的家具和擺設都出自雨果的設計。

巴士底和瑪黑區：巴士底廣場

103

後花園可以通往孚日廣場的

蘇利府邸，是瑪黑區許多豪宅中至今保存得最完善的一棟，也是文藝復興時期建物的代表。

MAP
P.89
B2

蘇利府邸
Hôtel de Sully

如何前往

搭地鐵1、5、8號線於Bastille站下，或搭地鐵1號線於St-Paul站下，皆步行約3~5分鐘。

info

📍62 Rue Saint-Antoine Paris

☎01 44 61 21 50

🌐www.hotel-de-sully.fr

蘇利府邸內部不對個別遊客開放，其中庭和花園在孚日廣場公園開放時間同時對外開放。前庭免費開放參觀，左側展覽館不定期展出各類精采特展。

自己鑄錢的財政大臣

1634年時，享利四世的政府部長、同時也是蘇利公爵(Duc de Sully)的馬西里安德敦內(Maximilien de Béthune)將它買下並重新裝潢。深受享利四世信任的蘇利公爵，除了讓國庫充裕，也不忘為自己攢足身家。他可是最後一位被國王允許可在家自己鑄造銀錢的大臣，要不富有也很難吧？！還好生性低調不炫富，雖然官位隨著享利四世過世後而告終，但也還算安享餘生。

蘇利公爵連同他和幾代子孫一直住在這裡，直到18世紀為止。後來這座府邸歷經多次轉手，並隨需求三番兩次的擴建或改建，終於在1862年時被列為歷史遺跡，並於1944年時成為國家資產，展開了更浩大的整修工程。

孚日廣場
Place de Vosges

如何前往

搭地鐵1、5、8號線於Bastille站下，或搭地鐵8號線於Chermin Vert站下，皆步行約5分鐘。

info

⌖Place de Vosges 75004 Paris

　孚日廣場是巴黎最古老的皇家廣場，由法王亨利四世興建於1605~1612年間，它取代了昔日亨利二世的宅邸Hôtel des Tournelles，也拆除了凱薩琳·梅迪奇 (Catherine de'Medicis)搬進羅浮宮前林立於此的哥德式建築。法國大革命後，為了向第一個繳清稅金的省分致敬，而命名為孚日廣場。

　此外，曾居住於孚日廣場四周的名人也不少，包括以書信反映路易十四時代社會風氣的女文學家塞維涅夫人(Madame de Sevigné)、路易十三的宰相黎塞留主教、大文豪雨果(Victor Hugo,1802~1885)等，可說是人文薈萃之地。

坐落於公園中央的騎馬雕像，正是讓孚日廣場發揚光大的路易十三。

廣大的草坪、四周的藝廊及咖啡館，使得孚日廣場成為人們假日休閒的重要場所。

紅磚打造的建築和石柱撐起的拱廊，讓廣場充分展現優雅的法式風情。

巴士底和瑪黑區：巴士底廣場

拉榭思神父墓園
Cimetière du Père-Lachaise
MAP P.89 C1

由於這塊墓園綠樹圍繞、環境清幽，再加上各種造型特異的墓碑，讓人在緬懷故人同時不失趣味，經常成為電影的場景。

如何前往

搭地鐵2號線於Philippe Auguste站下(主入口)，或搭地鐵2、3號線於Père Lachaise站下(側入口)，皆步行約2~3分鐘。

info

⌖16 Rue du Repos 75020 Paris (主入口)

☎01 55 25 82 10

⏰3月中~10月8:00~18:00(週六8:30起、週日與國定假日9點起)；11~3月中8:00~17:30(週六8:30起、週日與國定假日9點起)

　　這片土地原本屬於路易十四的告解神父拉榭思神父所有，1803年拿破崙下令買下後開始建造墓園。

　　長眠於此的名人不計其數，包括《追憶似水年華》(À la Recherche du Temps Perdu)的作者普魯斯特(Marcel Proust,1871~1922)、劇作家莫里哀(Molière, 1622~1673)、作曲家蕭邦(Frederick Chopin,1810~1849)、名歌手皮雅芙(Édith Piaf,1915~1963)等，而其中最受歡迎的要屬英國詩人王爾德(Oscar Wilde,1854~1900)和The Doors主唱摩里森(Jim Morrison,1943~1971)，前者印滿了愛慕者的唇印，後者則貼滿了一塊塊的口香糖，形成有趣的對比。

店內很有藝術氣息，深咖啡色桌椅配上綠色植物，不管從哪個角度取景，都很上相。幅大大的畫作，掛著幾

工業咖啡館
Café de l'Industrie
MAP P.89 B1

如何前往

搭地鐵5號線於Bréguet Sabin站下，步行約2分鐘。

⌖16 Rue St Sabin 75011 Paris

☎01 47 00 13 53　⏰9:00~2:00

　　巴黎許多咖啡館的服務生不是太忙就是太酷，沒什麼功夫給你好臉色，而工業咖啡館卻截然不同，服務生穿著很隨興，也願意跟你聊上幾句，離開時還會說：「Have a good day!」，就算不會說法語，也能得到熱情的招呼，此外食物也十分美味。平日下午客人小貓兩三隻，感覺特別寧靜，一到假日可是人聲鼎沸，氣氛截然不同。

巴士底和瑪黑區：巴士底廣場

大都市中的綠色小旅行，在貝西公園貼近大自然

王牌景點 9

造訪貝西公園理由
1 寬敞、漂亮的景觀公園
2 欣賞塞納河沿岸景觀的好地點
3 旅途中的中繼站，可以野餐、休息或散步。

巴士底和瑪黑區：貝西公園

MAP
P.89
C3

貝西公園
Parc de Bercy

　　昔日因地理環境的優勢，這處位於塞納河岸的區域有利當時的船運，因此貝西公園前身是一座批發市場，以販售各類酒品為主。隨著其他交通事業的發展，這座市場逐漸遭到淘汰，於是在市政府的重新規畫下，這一片占地13.5公頃的土地，於1994年化身成為由一座座弧形天橋串連而成的大型公園，其中包含廣闊的草地、繽紛花圃環繞溫室的園藝花園，和一座環繞水塘的浪漫花園，是當地居民日常生活重要的活動綠地。

至少預留時間
散步欣賞沿路風光：1小時
停下休息、參觀公園各處：1~3小時

搭地鐵14號線Cour St-Émilion站下，或搭地鐵6、14號線於Bercy站下，皆出站即達。

🏠Place Léonard Bernstein 75012 Paris
🕐公園全天開放；花園區夏季約8:00~20:30(週末9:00起)、冬季約8:00~17:45(週末9:00起)，開放和關閉時間視季節調整。 💲免費

浪漫花園在公園靠近貝西村的一側。

免費參觀

公園裡的植物園和花園都是免費開放，錯過就太可惜了！

欣賞河景

貝西公園座落在塞納河岸，是欣賞河景的好地點。

公園的西北部有21件雕塑作品，它們的名字是《世界的兒童》，創作於2001年，為了紀念兒童的權利。

做好購物的心理準備

很多人看到貝西村漂亮的圖片就把這裡當成景點，但是這裡其實是個品牌眾多的購物村，可以逛好逛滿！

巴黎氣候局座落在公園中央，氣氛幽靜。

沿著浪漫的塞納河岸，前往貝西村瘋狂血拼咯！

法國電影資料館
La Cinémathèque Française

MAP P.89 C3

如何前往

搭地鐵14號線於Cour St-Emilion站下，步行約6~8分鐘；或搭地鐵6、14號線於Bercy站下，步行約5分鐘。

info

📍51 Rue de Bercy 75012 Paris

📞01 71 19 33 33

🕐12:00~19:00(週末與國定假日11:00起)

🚫週二、8月、5/1、12/25

💰全票€7、優待票€4~5.5

🌐www.cinematheque.fr

　　光從法國電影資料館的外觀，不難推測其出自鼎鼎大名Frank O. Gehry的設計，他於1992年時完成了這座原為美國文化中心(Centre Culturel Americain)的建築，卻因為工程浩大而耗盡所有資產，文化中心因而宣告倒閉，儘管如此，還是有不少建築迷前來憑弔大師極富特色的建築外觀。

　　直到2000年，這棟荒廢已久的建築，終

於成為法國電影資料館的新家。到此除了可以欣賞各個時期的電影之外，還不定期舉辦有關於電影的主題特展。

Did YOU KnoW
古根漢博物館建築師

建築師Frank O. Gehry最為人津津樂道的作品，便是位於西班牙畢爾包的古根漢博物館(Museo Guggenheim Bilbao)，詮釋了解構主義的精神。

資料館裡收藏了全世界的電影、影片和相關的文獻，堪稱全球最大的電影資料庫之一。

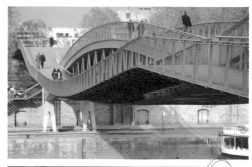

空中綠林花園
Promenade Plantée
MAP P.89 C2

如何前往

搭地鐵1、14號線或RER A、D線於Gare de Lyon站下，步行約10分鐘；或搭地鐵8號線至Ledru-Rollin站下，步行約8分鐘。

info

🔵Avenue Daumesnil Paris

🔵夏季8:00~21:00(週末9:00起)、冬季8:00~17:00(週末9:00起)，開放和關閉時間視季節調整。 🔵免費

　　工藝創作街的「樓上」，也就是舊時因鐵道地下化而被廢棄的這條高架鐵道，經重新整建後，搖身變身成為一處可供市民休閒散步的空中綠林花園。

　　空中綠林花園尾端，有一條橫跨馬路的橋梁，穿越後就能抵達另一個擁有弧形長橋及一大片綠地的赫伊花園(Jardin de Reuilly)，從這片青綠的草地上繼續往前走，沿途經過菲利斯艾普哀廣場(Place Felix Eboué)，再轉入Rue Taine就會來到貝西聖母教堂(Notre-Dame de la Nativité de Bercy)和貝西公園。

橋中央設計了一個讓行人可以休息、躲雨的區域。

西蒙波娃橋
Passerelle Simone-de-Beauvoi
MAP P.89 C3

如何前往

搭地鐵14號線於Cour St-Emilion站下，或搭地鐵6、14號線於Bercy站下，或搭地鐵6號線於Quai de la Gare站下，皆步行約6~10分鐘。

　　這條用來紀念法國知名女作家西蒙波娃的橋，於2006年正式啟用，是塞納河上最後落成的橋。全長304公尺的它分為上下兩層，猶如兩道上下倒置的弧線彼此交錯，並通往不同高度的堤道。

身分多重又多情的西蒙波娃

身為女權主義先驅的西蒙波娃，同時也有政治家、哲學家和作家等等的身分，她在這些領域裡都有很大的影響力，是法國近代最偉大的女性之一。同時她的感情世界也相當精彩，除了終生和另一位知名作家沙特維持開放性的情人關係外，另外還和美國作家納爾遜·艾格林、新聞記者克羅德·朗茲曼戀愛。

這條步道，為鐵道注入綠意，也讓原本古板單調的道路因而充滿生氣。

空中綠林花又稱園勒內·杜蒙綠色長廊。

巴士底和瑪黑區：貝西公園

貝西村
Bercy Village

MAP P.89 C3

如何前往

搭地鐵14號線於Cour St-Emilion站下，出站即達。

info

🏠 Cour St-Emilion 75012 Paris

☎ 01 40 02 90 80

🕐 各店不一，商店約10:00~20:00、餐廳約10:00~2:00

🌐 www.bercyvillage.com

　　貝西購物村又稱聖艾蜜莉中庭，是過去由酒倉改建而成的購物中心，在鋪設整齊的石頭路上，散發著明亮的氣氛，石頭路兩邊不是商店就是餐廳，多數餐廳都會把座位延伸到戶外，就這麼浩浩蕩蕩的一字排開，像極了舉辦嘉年華會的美食市集。購物村兩邊林立著各色商店，包括法國知名服飾品牌IKKS、廚具專賣店Alice Délice、地中海橄欖油專賣店Oliviers & Co，以及知名巧克力品牌Lindt瑞士蓮…走逛其中樂趣無窮。

許多店家是由過去儲藏葡萄酒的石造倉庫改建而成。

車站內有家創立於1901年的著名餐廳Restaurant le Train Bleu，內部裝潢維持著20世紀初的風格，讓里昂車站比其他歐洲車站顯得更加華麗貴氣。

里昂車站
Gare de Lyon

MAP P.89 B2

如何前往

搭地鐵1、14號線或RER A、D線於Gare de Lyon站下，出站即達。

　　開往法國東南部地中海一帶、蔚藍海岸和阿爾卑斯山區(Alps)的列車由此站發車，同時到瑞士西部、義大利、希臘和進入西班牙的門戶蒙貝利耶(Montpellier)也由此出發；主要有Artesia和TGV高速列車停靠此站。車站位於塞納河右岸，在北站和東站的南邊。售票大廳內設有巴黎遊客服務中心。

　　里昂車站是1900年為巴黎承辦世界博覽會而建，其建築風格為當時正流行的新古典主義。

車站最顯眼的莫過於那座巨大的鐘樓——仿自英國倫敦國會大廈的「大笨鐘」(Big Ben)。

巴士底和瑪黑區：貝西公園

111

孕育巴黎的偉大河流，享受沿岸的美麗景色。

塞納河和西堤島
Autour la Seine - l'Ile de la Cité

塞納河與西堤島

塞納河貫穿巴黎的中央地帶，為了連結兩岸，跨越河川的橋梁多達37座，巴黎人賦予其不凡的意義，更增添無窮的浪漫想像。河上的西堤島是巴黎建城發源地，至今依舊可以從聖母院前廣場地下室考古遺跡追憶一路以來的發跡歷史，島上的聖母院和聖禮拜堂，更是巴黎著名的景點，緊緊抓住遊客的目光；充滿貴族氣息的聖路易島，自古以來就是貴族、富商的別館所在地，猶如塞納河中一顆閃亮的珍珠，以舒適怡人的氣氛吸引人們前來漫步。

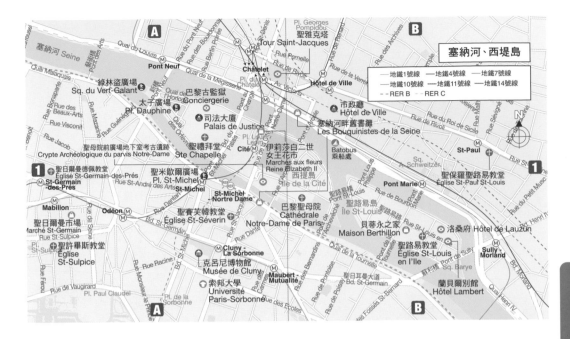

塞納河、西堤島

地鐵1號線　地鐵4號線　地鐵7號線
地鐵10號線　地鐵11號線　地鐵14號線
-- RER B　-- RER C

塞納河 Seine
Quai du Louvre
Pont Neuf
Quai de la Mégisserie
聖雅克塔 Tour Saint-Jacques
Pl. Georges Pompidou
Châtelet
Hôtel de Ville
綠林盜廣場 Sq. du Vert-Galant
巴黎古監獄 Conciergerie
太子廣場 Pl. Dauphine
司法大廈 Palais de Justice
市政廳 Hôtel de Ville
塞納河畔舊書攤 Les Bouquinistes de la Seine
聖母院前廣場地下室考古遺跡 Crypte Archéologique du parvis Notre-Dame
聖禮拜堂 Ste Chapelle
Cité
伊莉莎白二世女王花市 Marchés aux fleurs Reine Elizabeth II
Batobus 乘船處
St-Paul
聖日爾曼德佩教堂 Église St-Germain-des-Prés
St-Germain-des-Prés
聖米歇爾廣場 Pl. St-Michel
St-Michel
西堤島 Île de la Cité
聖保羅聖路易教堂 Église St-Paul St-Louis
Mabillon
聖日爾曼市場 Marché St-Germain
Odéon
聖賽芙韓教堂 Église St-Séverin
St-Michel - Notre Dame
巴黎聖母院 Cathédrale Notre-Dame de Paris
Pont Marie
聖路易島 Île St-Louis
聖許畢斯教堂 Église St-Sulpice
Cluny - La Sorbonne
克呂尼博物館 Musée de Cluny
Maubert - Mutualité
貝蒂永之家 Maison Berthillon
洛桑府 Hôtel de Lauzun
聖路易教堂 Église St-Louis en l'Île
Sully - Morland
索邦大學 Université Paris-Sorbonne
Pl. Paul Claudel
Pl. de la Sorbonne
蘭貝爾別館 Hôtel Lambert

王牌景點 ⑩

告白氣球的浪漫場景，
巴黎的經典印象塞納河。

塞納河和西堤島：塞納河

◉ MAP
P.113

塞納河
La Seine

　海明威曾説：「假如你夠幸運，在年輕時待過巴黎，那麼不論未來你在哪裡，巴黎將永遠跟著你，因為巴黎是一席流動的饗宴」。而塞納河，穿越巴黎的過去、現在和未來，正是這饗宴的流動泉源。

　自1853年，拿破崙三世時代的塞納省長奧斯曼男爵(Baron Georges Eugène Haussmann)推動17年的都市計畫，以現代化的下水道與排水設施，將有如貧民窟的巴黎改造成摩登大都會後，塞納河搖身變成優雅的仕女。

114

塞納河上有許多美麗的橋梁，完美融入了巴黎人的日常生活。

塞納河兩岸都有許多人們休憩、停留的空間。

怎麼玩
塞納河才聰明？

預約遊船

旺季的好天氣時很可能一位難求，記得**提早上網訂票**！

舊書攤尋寶　　塞納河畔的舊書攤有賣許多絕版的出版物，還有特色的明信片、紀念品，都是一般紀念品店或書店找不到的樣式。

造訪塞納河理由

① 貫穿巴黎的美麗河流

② 搭乘塞納河遊船，欣賞沿岸美景

③ 塞納河上的美麗橋梁

至少預留時間
沿著河岸欣賞風景：1小時
搭乘遊船：1~3小時

想要欣賞塞納河風貌，除了穿梭於聯繫左右兩岸大大小小的橋樑之外，也可搭船沿河遊覽，近距離欣賞塞納之美。

看展覽也別忘了欣賞前衛的建築喔！

有的遊船公司供應餐點，雖然價格昂貴，但遊客仍趨之若鶩，記得要預先訂位。

MAP P.113 ◉◉ **漫遊塞納河**

　　想飽覽巴黎和塞納河風光最輕鬆的方式莫過於搭乘觀光船，迎著涼風，瀏覽兩岸經典建築，包括艾菲爾鐵塔、夏佑宮、大小皇宮、巴黎傷兵院、亞歷山大三世橋、奧塞美術館、羅浮宮、新橋、聖母院、聖路易島等風光，都能盡收眼底。各家遊船公司基本上皆有塞納河遊覽行程，並提供中文或英文多種語言導覽。

夕陽晚宴巡航 Dinner Cruise Marina de Paris

　　白色的遊船內擺著一張張漂亮的餐桌，所有的乘客準時優雅進入船艙，像是要參加一場宴會般令人期待；坐定後，先是點餐服務，不像一般晚宴遊船僅提供簡餐，這裡供應正統的西式料理，菜單不但分前菜、主菜和餐後甜點、飲料，而且每一種類還有兩種以上的選擇，甚至也供應素食；更重要的是菜色頂級、擺盤精緻，就像是品嘗法式料理般令人驚喜。

🚇搭地鐵12號線於Solférino或Assemblée Nationale站下，步行約6~8分鐘；或搭RER C線於Musée d'Orsay站下，出站即達。📍集合點為奧塞美術館前Port de Solférino：Promenade Edouard Glissant 75007 Paris ⏰18:15集合、18:45出發、20:00回程，全程約1小時15分鐘。💲全票€85、優待票€40 🌐www.pariscityvision.com/en/dinner-cruise-decouverte-menu ❗需事先上網預訂

船上能欣賞塞納河兩岸經典風光，在餐食和氣氛的安排也是極為細膩，讓人能特別感受到花都浪漫風情。

遊船從Port of Solférino碼頭出發後，到聖路易島再折返，接下來至Pont de Grenelle的自由女神像(Statue of Liberty)後再返回碼頭。

塞納河和西堤島：塞納河

河上巴士 Batobus

沿岸設有9個停靠站，在船票有效期限內，從各停靠站隨時上下船參觀景點，等於把遊船當成交通工具，輕鬆暢遊巴黎。

🌐 www.batobus.com

新橋遊船 Bateaux-Les Vedettes du Pont-Neuf

無法任意上下站，但在1小時遊程裡，可以欣賞到塞納河畔多個重要建築。

🌐 www.vedettesdupontneuf.com

巴黎人遊船 Bateaux Parisiens

推出一般遊船行程，提供13種耳機語言導覽。對花都懷抱浪漫想像的人，建議參加晚宴遊程。品嘗精緻法式料理的同時，邊欣賞美景、聆聽美妙樂音。

🌐 www.bateauxParisiens.com

蒼蠅船 Bateaux-Mouches

昔日河岸居民搭乘的交通渡輪，就是「蒼蠅船」的前身。乘坐蒼蠅船是瀏覽巴黎最經濟的選擇。

🌐 www.bateaux-mouches.fr

沿著浪漫的**塞納河岸**，拜訪優雅的**聖路易島**。

MAP P.113 A1

新橋
Pont Neuf

如何前往
搭地鐵7號線於Pont Neuf站下，出站即達。

名為新橋，卻是塞納河上歷史相當悠久的一座橋。雖然早在1556年亨利二世任內就已計畫建造，但受到附近商人及攤販的反對而遲遲未建，直到1578年才開始動工並於1603年亨利四世在位時落成，成為巴黎中世紀建築的象徵。

1985年時，保加利亞籍現代藝術家克里斯多(Christo)曾以帆布包裹整座新橋，完成一項特殊的地景藝術創作。

橋中央有一座亨利四世的雕像，紀念替新橋的國王。

Did YOU KnoW
「新橋」帶來新的建築意義。

雖說取名為「新橋」，但卻是塞納河上最古老的橋，據說，以前巴黎人很喜歡在橋上蓋建築，這種建築形式最出名的就是佛羅倫斯的老橋。但是這種建築需要複雜的技術，一旦橋體撐不住，就會造成崩蹋。於是，在興建這座橋時候，就設定只給行人和馬車通過，禁止興建任何建築物在上面，如此一來也不會阻礙羅浮宮的視野，也因為這樣的有別以往的規定，讓這座橋有了「新橋」之名。

新橋跨越塞納河兩岸，同時連接起河中的西堤島。

塞納河和西堤島：塞納河

Did YOU KnoW
見證無數愛情的承諾

過去橋上掛著上百萬個「愛情鎖」，情侶們將鎖掛在鐵欄上後，便把鑰匙丟入河中，象徵戀人們不朽的愛情，藝術橋也因此吸引無數情侶前來朝聖，成為熱門的景點。但在2014年，部分柵欄竟因承受不住鎖的重壓而倒下，為了安全考量，這些鎖只好於隔年全面拆除了。

藝術橋
Pont des Arts

MAP P.113 A1

如何前往

搭地鐵7號線於Pont Neuf站下，步行約5~8分鐘。

這座黑色鐵橋可說是巴黎黑白明信片中最常出現的風景，它是塞納河畔首座以鑄鐵建造的步行橋，興建於1802~1804年間，連接左右兩岸的法蘭西學院(Académie française)與羅浮宮。因羅浮宮在拿破崙時代又稱為「藝術皇宮」(Palais des Arts)，所以該橋沾光取名為藝術橋。今日我們所見的藝術橋是1984年重修的，因為二戰中受到空襲和多年來船隻的碰撞讓橋身不穩，因此改用結實的鋼鐵，在不改變外觀的情況下加強了結構的堅固。

塞納河畔舊書攤
Les Bouquinistes de la Seine

MAP P.113 B1

如何前往

搭地鐵7號線於Pont Neuf站下，或搭地鐵1、4、7、11、14號線於Châtelet站下，皆出站即達；或搭地鐵4號線於St-Michel站下，步行約1分鐘。

● 約11:30~日落

隨著印刷和出版工業的發展，早在15世紀末，巴黎皇宮前的小廣場上已陸續出現一些流動的舊書攤，廉價出售舊書和古詩書。路易十六(Louis XVI,1754~1793)到拿破崙三世之時，經政府有關部門批準的一百多家舊書商，在市中心的塞納河畔依次設立「綠色書箱」，晨開暮閉，生意十分興隆。

如今數百個綠色書箱從蘇利橋(Pont de Sully)延伸於卡胡塞爾橋(Pont Carrousel)的左右兩岸堤道，猶如駁船隊似地綿延了3公里以上，可稱得上是世界最長的圖書館了。

聖路易島
Ile Saint Louis

如何前往

搭地鐵7號線於**Pont Marie**站下，步行約3~5分鐘。

充滿貴族氣息的聖路易島，猶如塞納河中一顆閃亮的珍珠，再加上這裡自古就是貴族別墅、別館聚集的地方，出入對象包括富商、藝人，因此島上的建築很有看頭。音樂家華格納曾暫居的洛桑府(Hôtel de Lauzun)，不僅內部裝飾華麗，外觀鍍金的雕花鐵欄杆和造型可愛的排水管都很搶眼，因為被洛森伯爵(Comte de Lauzun)買下而得名。

島上的聖路易教堂(Église Saint-Louis-en-l'Île)，是座典型的17世紀法國巴洛克建築，教堂內部明亮無比，尤其在白石的映照下，更現金碧輝煌。

貝蒂永的冰淇淋標榜使用純天然的原料製成，水果口味的特別受歡迎。

此小島多歸功於17世紀時期路易十四的宮廷建築師勒沃(Le Vau)的規畫，至今島上仍存留不少出自勒沃的經典之作。

貝蒂永冰淇淋
Berthillon Glacier

位於31號的貝蒂永之家(Maison Berthillon)，據說是全巴黎最好吃的冰淇淋發源地，共有30種以上口味可供選擇，不但夏天老是大排長龍，就連冬天都有人願意來此一試。

🏠29-31 Rue Saint-Louis en l'Île 75004 Paris ☎01 43 54 31 61 🕐10:00~20:00 ㊡週一～週二 🌐berthillon.fr

貫穿全島的島上聖路易路(Rue Saint-Louis en l'Île)是聖路易島的主要道路。

塞納河和西堤島：塞納河

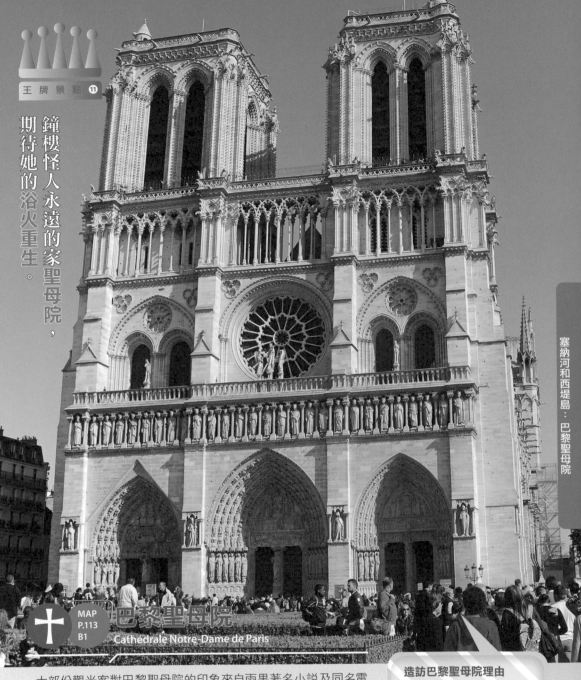

鐘樓怪人永遠的家聖母院，
期待她的浴火重生。

塞納河和西堤島：巴黎聖母院

✝ MAP
P.113
B1
巴黎聖母院
Cathédrale Notre-Dame de Paris

大部份觀光客對巴黎聖母院的印象來自雨果著名小説及同名電影《鐘樓怪人》(Notre-Dame de Paris)，以及塔上重16公噸的巨大銅鐘，事實上，聖母院與巴黎歷史的發展有著密不可分的關係。

巴黎聖母院自西元1163年開始建造，花了兩個世紀才完成這座哥德式建築，在近600年卻是命運多舛，因政治因素如英法百年戰爭、法國大革命和兩次世界大戰，都帶來或多或少的破壞。19世紀時維優雷·勒·杜克(Viollet-le-Duc)曾將它全面整修，並大致維持今日的面貌。

造訪巴黎聖母院理由

① 巴黎最著名的宗教建築之一

② 雨果筆下鐘樓怪人的家

③ 西堤島是巴黎城區的發源地

121

至少預留時間
散步遊西堤島：半小時
參觀西堤島各景點：1~3小時

搭地鐵4號線於**Cité**站下、地鐵10號線於**Maubert-Mutualité**站下，步行皆約5~6分鐘；或搭RER B、C線至**Saint-Michel Notre-Dame**站下，步行約5分鐘。

🕐6 Parvis Notre-Dame-Place Jean-Paul II 75004 Paris
📞01 42 34 56 10
🕐因火災目前暫停開放，預計2024年末重新開放，詳細時間請上網查詢。
🚫塔樓1/1、5/1、12/25。
💲聖母院免費；塔樓參觀費用待開放後請上網查詢。
🌐www.notredamedeParis.fr

塔樓外部有許多滴水嘴獸猶如盡職的哨兵，俯視著大地。

長130公尺的聖母院，除了寬大的耳堂和深廣的祭壇外，西面正門還聳立著兩座高達69公尺的方塔。

體力好的人，不妨爬上387個階梯，登南塔瞭望西堤島及周邊全景。

怎麼玩聖母院才聰明？

重建關閉中　2019年4月15日的火災後，聖母院**停止開放參觀**展開重建，預計2024年末重新開放，重建期間只能在外面欣賞美麗的聖母院了。

以英國女王命名的花市

創立於1808年的西堤島花市與鳥市，自從2014年英國女王伊莉莎白二世到此訪問後，市集更名為「伊莉莎白二花市」。原有的鳥市因動保請命，現已不再販售鳥類。

旅程中繼站

西堤島連接塞納河兩岸，在行程中可以輕鬆和其他景點串聯，省時又方便。

🔊 **浴火重生的巴黎聖母院**
聖母院在歷經2019年的無情大火與長達5年重建後，預計於2024年末重新開放。截至2023年12月，聖母院標誌性的尖塔與象徵著浴火重生的公雞風向儀已重新歸位，其他修繕工程也如火如荼進行中；首批開放的範圍包括中殿、耳堂以及詩歌合唱團。然則教堂仍有許多細節待復原，完整的修復還需要更多時間。

Did YOU KnoW

聖母院見證過這些歷史事件

1. 英國國王亨利六世在英法百年戰爭後。在此舉行加冕儀式。
2. 聖女貞德的平反訴訟。
3. 英國國王亨利八世在此加冕。
4. 拿破崙一世在此加冕。
5. 法國前總統戴高樂追思彌撒。
6. 法國前總統密特朗追思彌撒。

塞納河和西堤島：巴黎聖母院

雖然因為火災暫時不開放，
從外面還是可以欣賞聖母院。

正門

位於「眾王廊」下方的正是著名的大小不一的三座正門，門上繁複的石雕為當時不識字的信徒講述聖經故事以及聖徒的一生，由左向右，分別為《聖母門》(Portail de la Vierge)、《最後審判門》(Portail du Jugement Dernier)和《聖安娜門》(Portail Sainte-Anne)。

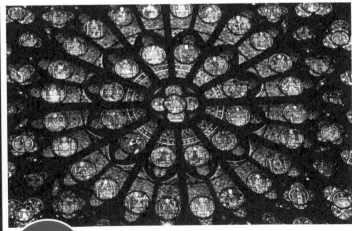

彩繪玻璃窗

聖母院以彩繪玻璃玫瑰花窗出名，玻璃窗上是聖經故事相關的彩繪。最具觀賞性的是其耳堂南北兩側的玫瑰大圓花窗，直徑達13公尺。此外，彩繪玻璃窗的光線也替教堂內部帶來了莊嚴神聖的氣氛。

教堂內外有許多的雕像，其中最有名的是聖母聖子像，教堂本身就是為了紀念聖母瑪麗亞。還有聖女貞德像，紀念15世紀時教廷在聖母院召開平反訴訟會，還給這位法國民族英雄一個清白。

雕像

滴水嘴獸
Gaorgouille

滴水嘴獸在建築學上叫做雨漏，作用是讓雨水能順勢留下，防止雨水侵蝕建築。聖母院的滴水嘴獸數量多且造型多元，從怪獸、動物到人像都有，也成為其一大特色。

《鐘樓怪人》與聖母院

《鐘樓怪人》是法國大文豪雨果的經典小說作品，小說名字的原文就是巴黎聖母院(Notre-Dame de Paris)。整個故事場景都圍繞在聖母院，透過主角鐘樓怪人加西莫多和吉普賽女孩愛絲梅拉達的故事反映了當時的社會百態。這部小說被改編成許多藝術作品，其中最有名的就是迪士尼的動畫長片《鐘樓怪人》(The Hunchback of Notre Dame)，這部動畫保留了原著的基本架構，但修改了大部分的情節。因為這部電影讓本來就很出名的巴黎聖母院更是家喻戶曉了。

塞納河和西堤島：巴黎聖母院

環境優美的西堤島不只有聖母院，還有古羅馬遺跡和花市！

| MAP P.113 A1 | 聖母院前廣場
地下室考古遺跡
Crypte Archéologique
du parvis Notre-Dame |

如何前往

搭地鐵4號線於Cité站下，步行約3~5分鐘。

info

⌖7 Parvis Notre-Dame-Place Jean Paul II 75004 Paris ☎01 55 42 50 10

🕐10:00~18:00，閉館前45分鐘最後入場

❌週一、國定假日、復活節和聖靈降臨日的週日。 💶全票€9、優待票€7，18歲以下免費。

🌐www.crypte.paris.fr

　1965~1972年間，為了興建一座地下停車場，進而挖掘出這座考古遺跡，從它遺留的大量物件中，發現不少2,000年前的高盧羅馬時期元素，像是一段魯特西亞(Lutetia)時期的舊港口堤道牆、羅馬公共浴池建築，以及部分4世紀開始興建的圍牆，此外還有中世紀的地下禮拜堂和昔日新聖母院路(Rue Neuve Notre-Dame)的住家噴泉，讓人彷彿瞬間穿梭於高盧羅馬時期。

聖母院廣場前方有一道不起眼的小階梯，是前往地下考古遺跡的入口，一探巴黎的原始面貌。

馬賽克鑲嵌藝術在古羅馬時期發揚光大，通常用於地板或牆壁。

和聖禮拜堂相連的司法大廈，同時是巴黎古監獄所在地。

| MAP P.113 A1 | 巴黎古監獄
和司法大廈
Conciergerie et
Palais de Justice |

如何前往

搭地鐵4號線於Cité站下，步行約2分鐘；或搭地鐵1、7、11、14號線於Châteletf站下，步行約6分鐘；或搭RE B、C線於Saint-Michel站下，步行5約分鐘。

info

⌖2 Boulevard du Palais 75001 Paris

☎01 53 40 60 80 🕐9:30~18:00

❌1/1、5/1、12/25。

💶全票€13，與聖禮拜堂聯票全票€20，18歲以下免費入場，皆需線上預約參觀。

🌐www.paris-conciergerie.fr

　血腥的巴黎古監獄，最早是墨洛溫王朝王宮的一部分，14世紀時才改為監獄，並且在法國大革命期間成為拘留人犯之處，整個法國大革命期間共囚禁4,000多人，其中包括2,600名的貴族，最有名的要屬路易十六的妻子——瑪麗‧安東奈特(Marie Antoinette)皇后，甚至當時許多革命領袖都曾是這裡階下囚。

　哥德式建築的監獄，保留有11世紀的行刑室以及牢房，而當年那位沒有麵包卻想吃蛋糕的瑪麗‧安東奈特皇后，被囚禁的牢房現在則開放參觀。

塞納河和西堤島：巴黎聖母院

125

伊莉莎白二世女王花市
Marché aux fleurs Reine Elizabeth II

如何前往
搭地鐵4號線於Cité站下，出站即達。

info

⊕ Place Louis Lépine 75004 Paris

🕙 9:30~19:00

花市使用玻璃當天花板，讓陽光可以透進來，像是大型溫室一般。

　　想要親近巴黎人的日常生活，就必須來一趟花市。花市全年開放，除了新鮮的花、乾燥花之外，舉凡和花有關的花藝用具都可在此找到，是巴黎最著名也是碩果僅存的幾個花市之一。原名為Marché aux Fleurs et aux Oiseaux(花市與鳥市)的西堤島市集，在2014年英國女王到此參觀後，市集更名為Marché aux fleurs Reine Elizabeth II(伊莉莎白二世女王花市)。在過去，市集販售花卉之外，週日也會販售鳥類，在動保請命聲浪之下，現在

已無鳥類出售。

如今這座小廣場綠意盎然，成為一處適合野餐的地方，許多年輕人常常坐在廣場邊，將腳丫接伸進塞納河中戲水。

綠林盜廣場
Square du Vert-Galant

如何前往
搭地鐵7號線於Pont Neuf站下，或搭地鐵4號線於Cité站下，皆步行約3~8分鐘；或搭RER B線至Saint-Michel Notre-Dame站下，步行約7分鐘。。

　　綠林盜廣場直指前方的藝術橋，擁有欣賞羅浮宮和法國造幣廠(Hôtel des Monnaires)極佳的視野。所謂的綠林盜其實指的是法王亨利四世，該暱稱和他即使日益年邁卻仍擁有為數眾多的情婦有關，這位喜歡在浪漫韻事上冒險的「俠盜」，至今仍騎著馬聳立於廣場上。在成為廣場前，這裡曾經有一間演奏音樂的咖啡館，不過由於此區比西堤島上其他地方還低上7公尺，因此過往常常為水患水苦。

太子廣場
Place Dauphine
MAP P.113 A1

如何前往

搭地鐵7號線於Pont Neuf站下，或搭地鐵4號線於Cité站下，皆步行約3~8分鐘；或搭RER B線至Saint-Michel Notre-Dame站下，步行約7分鐘。

太子廣場最初由亨利四世興建於1607年，這是他繼皇家廣場(今日的孚日廣場)後推動的第2個公共廣場計畫，以他兒子當時的「法國太子」(Dauphin de France) 路易十三命名。

太子廣場建立之初，三邊擁有類似孚日廣場的磚造成排建築，只在西側尖角和東側中央各開一處出入口，不過在法國大革命期間，因遭法國公社大火焚毀，使得今日東側的建築蕩然無存，成為朝司法大廈大開的缺口。

太子廣場是個三角形的廣場，環境清幽。

內部以鍍金與大理石裝飾，呈現巴洛克風格。

聖禮拜堂和聖母院同以玫瑰玻璃窗聞名，16扇彩色玻璃窗，訴說1,000個以上新約與舊約的宗教故事。

聖禮拜堂
Sainte Chapelle
MAP P.113 A1

如何前往

搭地鐵4號線於Cité站下，步行約3~5分鐘。

info

🏠 8 Boulevard du Palais 75001

☎ 01 53 40 60 80

🕐 4~9月9:00~19:00、10~3月9:00~17:00，閉館前30分鐘為最後入場。

🚫 1/1、5/1、12/25。

💰 全票€13，與巴黎古監獄聯票全票€20，18歲以下免費入場，皆需線上預約參觀。

🌐 www.sainte-chapelle.fr

以巧奪天工的彩色玻璃窗著稱的聖禮拜堂，是西堤島上另一處亮點，也是昔日西堤島上卡佩皇宮唯一保存下來的建築。興建於13世紀法王路易九世任內，用以安置耶穌受難聖物——荊冠，也因此在教堂方門楣上裝飾著捧著耶穌荊冠的天使雕刻。現在除了定期的彌撒之外，教堂內也常常舉辦音樂會，吸引世界各地的樂迷。

朝聖印象派畫家的聖殿，為了奧賽美術館而來就值得了！

左岸·拉丁區和蒙帕納斯

Autour la Rive Gauche - le Quartier Latin - de Montparnass

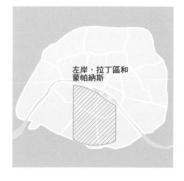

左岸、拉丁區和
蒙帕納斯

左岸指的是塞納河以南、以拉丁區為核心的區域，是歷史發展較早、擁有豐富文化的一區，並扮演著巴黎甚至全法國學術中心的角色，此區林立著學校、書店和咖啡館，洋溢著生氣蓬勃卻也清新的氣質；奧賽美術館、萬神殿、巴黎傷兵院、羅丹美術館和盧森堡公園…都是知名景點。

蒙帕納斯以古希臘人獻給阿波羅及繆思的帕納斯山(Mount Parnassus)為名，是17世紀時一群到此背誦詩歌的學生，為當時這片位於近郊的山丘地所取的暱名。此區於1940年代進入全盛時期，成為作家與藝術家聚集地，畢卡索、海明威、考克多(Jean Cocteau)都曾居住於此。不過隨著現代化開發，這裡漸轉成以商業、辦公大樓為主的都會區。

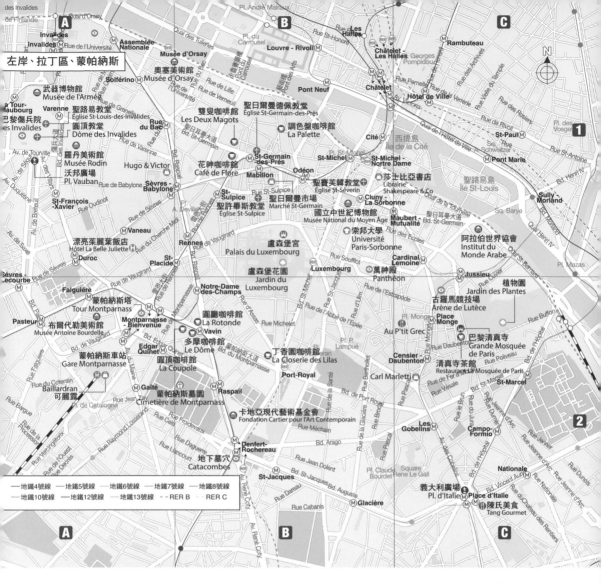

左岸、拉丁區、蒙帕納斯

武器博物館 Musée de l'Armée
聖路易教堂 Église St-Louis-des-Invalides
圓頂教堂 Dôme des Invalides
巴黎傷兵院 Hôtel des Invalides
羅丹美術館 Musée Rodin
沃邦廣場 Pl. Vauban
奧塞美術館 Musée d'Orsay
雙叟咖啡館 Les Deux Magots
花神咖啡館 Café de Flore
聖日爾曼德佩教堂 Église St-Germain-des-Prés
調色盤咖啡館 La Palette
聖賽芙韓教堂 Église St-Séverin
莎士比亞書店 Librairie Shakespeare & Co
聖許畢斯教堂 Église St-Sulpice
聖日爾曼市場 Marché St-Germain
國立中世紀博物館 Musée National du Moyen Âge
索邦大學 Université Paris-Sorbonne
盧森堡宮 Palais du Luxembourg
盧森堡花園 Jardin du Luxembourg
萬神殿 Panthéon
阿拉伯世界協會 Institut du Monde Arabe
植物園 Jardin des Plantes
古羅馬競技場 Arène de Lutèce
蒙帕納斯塔 Tour Montparnass
布爾代勒美術館 Musée Antoine Bourdelle
圓廳咖啡館 La Rotonde
多摩咖啡館 Le Dôme
圓頂咖啡館 La Coupole
蒙帕納斯車站 Gare Montparnasse
丁香園咖啡館 La Closerie des Lilas
巴黎清真寺 Grande Mosquée de Paris
清真寺茶館 Restaurant de la Mosquée de Paris
蒙帕納斯墓園 Cimetière de Montparnass
卡地亞現代藝術基金會 Fondation Cartier pour l'Art Contemporain
地下墓穴 Catacombes
義大利廣場 Pl. d'Italie
陳氏美食 Tang Gourmet
漂亮茱麗葉店 Hôtel La Belle Juliette

— 地鐵4號線　— 地鐵5號線　— 地鐵6號線　— 地鐵7號線　— 地鐵8號線
— 地鐵10號線　— 地鐵12號線　— 地鐵13號線　- - RER B　— RER C

129

集印象派之大成，充滿經典作品的奧賽美術館。

造訪奧賽美術館理由

1. 和羅浮宮齊名的美術館

2. 獨特的建築，由火車站改建而成。

3. 欣賞梵谷、雷諾瓦、莫內、高更等大師的作品。

MAP P.129 A1,B1

奧賽美術館
Musée d'Orsay

1986年時，法國政府將廢棄的火車站改建為奧賽美術館，館藏作品來自羅浮宮與印象派美術館，包括最豐富的19~20世紀印象派畫作收藏。

2011年奧賽美術館經過徹底翻修後再度開放，擴展亞蒙館(Pavillon Amont)約400平方公尺的面積。亞蒙館5層樓的空間中，由下往上分別展出庫爾貝的大型作品、1905~1914年的現代裝飾、波納爾(Pierre Bonnard)和維亞爾(Jean-Édouard Vuillard)等畫家的作品、中歐和北歐的新藝術作品、奧地利和英國以及美國的新藝術作品、書店和圖書館。

怎麼玩
奧賽美術館才聰明？

免費時段 每個月的第一個週日
線上預約可免費參觀。

延長時段

每週四延長開放到21:45，
日落後人潮就越來越少，可
以安靜的慢慢逛，仔細欣賞
作品。

巴黎博物館通行證 持有巴黎
博物館通行證可以走快速
通道，節省排隊時間。

行前準備 提前作功課，找出自
己有興趣的作品。

室外雕像

美術館外有許多雕像可以免
費欣賞。

至少預留時間
挑重點作品欣賞：1小時
仔細參觀全館：3~5小時

搭地鐵12號線於Solférino站下，步行
約6~8分鐘；或搭RER C線於Musée
d'Orsay站下，出站即達。

⌂ Esplanade Valéry Giscard
d'Estaing 75007 Paris
☎ 01 40 49 48 14
⌚ 9:30~18:00(週四至21:45)，閉館
前1小時最後入場。
✕ 週一、5/1、12/25。
$ 全票€14(線上€16)、半票€11，週
四18:00後入場全票€10(線上€12)，
18歲以下免費，每月第一個週日線上
預約可免費參觀。
🌐 www.musee-orsay.fr

關於印象派

「印象派」(Impressionnist)或「印象主義」(Impressionnisme)這個詞起源於1874年的第一屆印象派畫展,當時受到官方沙龍排擠、不受歡迎的畫家莫內和雷諾瓦等人決定聯合舉行畫展,莫內在這次畫展中展出《印象·日出》(Impression, Soleil Levant),引起了嘲諷輿論,Impression逐漸成為畫界藝評嘲諷這一群畫家的代名詞。

左岸·拉丁區和蒙帕納斯:奧賽美術館

館藏豐富,包括以德拉克洛瓦為首的浪漫派、安格爾的新古典主義、米勒、盧梭的巴比松自然主義和庫爾貝的寫實主義。

館內最著名的是描繪感覺、光線和倒影的印象派,舉凡雷諾瓦、梵谷以及莫內等大師的作品,都是這裡的鎮館之寶。

美術館前的犀牛鑄鐵雕像是知名雕刻家Alfred Jacquemart的作品。

奧賽美術館前身為火車站,為了不破壞塞納河沿岸景觀,歐雷翁(Orléans)鐵路公司特別邀請Laloux等3位著名建築師設計。

與印象派的浪漫約會，從馬內、米勒、梵谷到雷諾瓦，每一幅畫都是大師經典作品！

馬內《奧林匹亞》(Olympia)

在奧賽陳列的作品中，可追溯從古典的浪漫主義畫派過渡到新畫派的演進，當中首推馬內(Manet,Edouard,1832~1883)於1863年時的作品《奧林匹亞》。

儘管馬內這幅裸女如今價值非凡，但在當時的年代卻是飽受批評，多數人覺得畫中女子的裝飾，代表的不是想像中的女神「維納斯」，而是低賤的妓女。所以「奧林匹亞」在當時也成為巴黎娼妓的代名詞。

左岸・拉丁區和蒙帕納斯：奧賽美術館

DID YOU KNOW

隱含「節儉」寓意的畫作

以舊約聖經路得記中的路得和波阿斯的記載為畫作背景。畫中敘述路得在波阿斯的田裡撿拾麥穗給婆婆，反應貧窮農家在收割麥田後，還要撿拾地上殘餘的穗粒，絲毫不可以浪費。

馬內《草地上的午餐》(Le Déjeuner sur l'Herbe)

這幅馬內創作於1865~1866年間的《草地上的午餐》，構圖來自一張拉斐爾的版畫，它在藝術史中占有極為重要的地位，說明了畫家所具有的自由宣言：畫家有權為了美感的效果，而在畫中選擇他所認定的標準及喜好來自由作畫，這樣的態度即是往後「為藝術而藝術」主張的由來。

DID YOU KNOW

親人也入畫！

馬內的親人想必思想也開放，這幅《草地上的午餐》內的主角，除了裸女是馬內的麻吉維多利安・莫涵，另外兩位男士則是馬內弟弟古斯塔夫和妹婿費迪南德・里郝夫。

米勒《拾穗》(Des Glaneuses)

《拾穗》是19世紀法國大畫家米勒(Jean-François Millet,1814~1875)的作品，完成於1857年，在落日餘暉中，3位農婦彎著腰，揀拾收割後的殘穗，光線柔和，氛圍溫暖，展現樸實農家生活的一面。

雷諾瓦《鞦韆》(The Swing)

雷諾瓦(Pierre-Auguste Renoir,1841~1919) 在1876年繪製的油畫，畫面上的場景在在一個繁花盛開的森林裡，站在鞦韆上、正在跟男子說話的女人顯然是全畫的焦點，特別是身上穿的衣服和地面，在白色畫筆的渲染下顯得閃閃發光。整幅畫以明媚的光影、溫暖的色調呈現溫馨的感覺。

高更《大溪地女人》
(Femmes de Tahiti)

這是高更(Paul Gauguin)在1891年初次來到大溪地，描繪兩位坐在沙灘上的當地女子。當時，他正為自己的財務問題感到困擾，但是來到這個原始島嶼，他被單純的氣息所感染，意外獲得了人生的平靜與快樂；而這種心情也投射在他的畫作上，高更將大溪地女子身上令他著迷的健康膚色，與純樸慵懶的野性美，直接表現於作品上。

梵谷《隆河上的星夜》(Starry Night over the Rhône)

這是梵谷的代表作之一，他用豐富的層次表現出星空的迷人，獨特的筆觸賦予了滿天的星星生命力，卻也流露出他內心的孤獨。

竇加的《舞蹈課》(La Classe de Danse)

竇加(Edgar Degas,1834~1917)最為人所熟知的作品便是芭蕾舞者，他以一系列優美線條、動人表情描繪出正在練習、上台演出，以及接受獻花鞠躬中的舞者，將舞者的身段完美呈現，這張完成於1873~1876年間的《舞蹈課》，屬於該系列題材的知名作品之一。

梵谷《自畫像》
(Portrait de l'Artiste)

在所有新、後印象派畫作中，梵谷(Vincent Willem van Gogh,1853~1890)這幅約創作於1890年的《自畫像》一直是受到最大注目。

卡勒波特《刨地板的工人》
(Raboteurs de Parquet)

1875年由卡勒波特(Caillebotte Gustave,1848~1894)參考相片畫成的《刨地板的工人》，是印象派中最接近寫實主義的作品，工人的雙手和刨出的曲線使畫面充滿活力和臨場感。這幅畫栩栩如生的程度猶如相片，是照相寫真的先驅。

雷諾瓦《彈鋼琴的少女》
(Young Girls at the Piano)

透過兩個少女描繪出中產階級生活的美好氛圍，讓人怡然神往。背景用色豐富，但各自互補，形成和諧的視覺感受，是雷諾瓦晚年的特色。

雷諾瓦的《煎餅磨坊的舞會》(Bal du Moulin de la Galette)

法國印象派大師雷諾瓦的第一個群像傑作，就是這幅《煎餅磨坊的舞會》，創作於1876年，在此之前，他都是以簡單的人物為主題。在這幅作品中，雷諾瓦靈活運用光線和色彩，生動活潑表現了巴黎人快樂幸福的生活面貌。

Did YOU KnoW
畫中場景在蒙馬特

這幅畫描述場景是是蒙馬特區的一家露天舞廳，據說就在兩家磨坊之間，而舞廳裡還有販售煎餅點心，因而得名。話說因為雷諾瓦經濟狀況不好，請不起麻豆，所以只好求助朋友，畫中那位穿條紋衣服的女主角，就是他的朋友愛斯塔拉。

左岸‧拉丁區和蒙帕納斯：奧賽美術館

羅丹《地獄之門》
(La Porte de l'Enfer)

在自然主義和各國新藝術作品展覽廳前，有一片展出1880~1900年雕塑的平台，其中包括法國雕塑家羅丹(Auguste Rodin,1840~1917)鼎鼎大名的作品《地獄之門》，以及1905年的《走路的男人》(L'Homme qui Marche)。

參觀完巴黎傷兵院和羅丹美術館，再去拜訪最出名的咖啡館。

MAP P.129 A1

巴黎傷兵院
Les Invalides

圓頂教堂是傷兵院中的禮拜堂，也是拿破崙陵寢的所在地。

如何前往

搭地鐵8號線於La Tour-Maubourg站下，或搭地鐵13號線於Varenne站下，或搭地鐵8、13和RER C線於Invalides站下，或搭地鐵13號線於Saint-François-Xavier站下，皆步行約6~8分鐘。

info

⊙129 Rue de Grenelle 75007 Paris ☎01 44 42 38 77 ◔10:00~18:00，售票至閉館前30分鐘；每月第一個星期五有夜間時段18:00~22:00，售票至閉館前1小時。 ⊗1/1、5/1、12/25 ⊜全票€15、優待票€12，18歲以下免費；每月第一個星期五夜間時段€10 ⊛www.musee-armee.fr ❶博物館目前進行整修至2024年6月，整修期間維持開放參觀，部分參觀動線異動。

「Deux Guerres Mondiales」展出兩次世界大戰相關文物與照片。

「De Louis XIV à Napoléon III」展出17~19世紀武器和制服。

　　法國路易十四時期戰爭頻仍因而傷兵不斷，於是興建了巴黎傷兵院，成為專門醫治傷兵和安置退伍傷殘軍人的地方。10年後，這裡又擴建了聖路易教堂(Église Saint-Louis-des-Invalides)和圓頂教堂(Dôme des Invalides)；到了拿破崙時期，這裡已是全巴黎規模最大的醫院了。

　　巴黎傷兵院今日不再具有醫療的功能，而是由法國國防部掌管，闢為重要的軍事觀光景點，這裡有南北兩個入口，分別是從沃邦廣場(Place Vauban)或傷兵大道(Esplanade des Invalides)進入。此外，2024巴黎奧運更選定傷兵院前方綠地為射箭賽事場地。

左岸·拉丁區和蒙帕納斯：奧賽美術館

Did YOU KnoW

名人安眠不寂寞！

在這裡長眠的名人有：
1. 拿破崙·波拿巴(法蘭西第一帝國的皇帝)
2. 約瑟夫·波拿巴(西班牙國王、拿破崙一世的哥哥)
3. 傑羅姆·波拿巴(拿破崙一世的最小弟弟，法蘭西第一帝國元帥)
4. 拿破崙二世
5. 克洛德·約瑟夫·魯日·德·李爾(法國國歌《馬賽曲》的作者)
6. 費迪南·福煦(第一次世界大戰的法國歐陸元帥)

拿破崙的晚年

拿破崙在滑鐵盧戰敗後，被流放到法國南部外海的聖海倫島(Ile de Sainte-Hélène)，1821年在島上去世，其遺骨於1840年時迎回傷兵院，1842年時路易－菲利浦國王(Roi Louis-Philippe)委任建築師Visconti打造了今日這座富麗堂皇的陵寢，拿破崙一直到1861年時才得已長眠於這座金色的圓頂下。

聖日爾曼德佩教堂
Eglise Saint-Germain-des-Prés

如何前往

搭地鐵4號線於Saint-Germain-des-Prés站下，出站即達。

info

⌖3 Place Saint-Germain-des-Prés 75006 Paris

☎01 55 42 81 10

🕐週一～週六8:00~19:45、週日9:00~20:00。

🌐www.eglise-saintgermaindespres.fr

　　巴黎現存最古老的教堂，可追溯至542年，後來重建的教堂以羅馬式建築為主軸，卻於大革命時遭到破壞，直到19世紀重修，才有了今日的風貌。

　　聖日爾曼德佩教堂屬天主教本篤會原旨教派，這是所有天主教派中最保守的一個，神父傳教時背對信徒，使用拉丁語，並排除同屬天主教的其他教派甚至其他宗教。不過前來參觀沒有宗教問題的顧慮，事實上，安詳寧靜的教堂完全隔絕外在塵囂，令參觀的人感到內心平靜。

聖日爾曼德佩教堂是席勒德伯王（Chidebert）為了收藏聖物而建。

Did YOU KnoW

瞧！哲學家笛卡爾也在這！

來到這座教堂還能看到一座雕塑像，就是大名鼎鼎的現代哲學家「笛卡爾」。年輕的笛卡爾耗盡家產遊歷歐洲後，定居巴黎，最後因染肺炎而過世，之後便埋葬於此。

羅丹美術館將這位20世紀最偉大的雕塑家大部份的大型作品，放置於前後露天庭院展出。

羅丹最有名的作品是《沈思者》(Le Penseur)——沉思者的形象據說是結合了亞當和普羅米修斯的綜合體。

《巴爾札克》(Balzac)則是栩栩如生彷若真人的塑像，臉部質感細緻。

室內以小型雕塑為主，以創作年代區分展覽，共約有300多件作品。

羅丹美術館
Musée Rodin

MAP P.129 A1

如何前往

搭地鐵13號線於Varenne站下，步行約3分鐘。

info

⌂ 77 Rue de Varenne 75007 Paris

☎ 01 44 18 61 10

🕐 10:00~18:30，閉館前45分鐘最後入場

🚫 週一、1/1、5/1、12/25。

💰 常設展和特展套票(含花園)全票€13，與奧賽博物館的聯票全票€24；10~3月第一個週日免費參觀。 🌐 www.musee-rodin.fr

羅丹美術館位於一棟獨立的雙層建築中，前身為畢洪府(Hôtel Biron)，羅丹(Augueste Rodin,1840~1917)於1908~1917年曾在此從事創作，1911年法國政府買下了這個房子，在民意的推動以及羅丹於1916年決定捐出他的所有作品下，該美術館於1919年正式開放。

豐富的館藏中，包括了《地獄門》(Porte de l'Enfer)、《加萊市民》(Les Bourgeois de Calais)等名作，都可在優美的花園中一一親見。名作《吻》(Le Baiser)和《夏娃》(Eve)則在室內展出，此外還有卡蜜兒(Camille Claudel,1864~1943)著名的作品《浪》(La Vague)等。

Did YOU KnoW

到底有幾座沉思者？

沉思者最早是出現在羅丹的群雕作品《地獄門》中的人物，之後他針對這個雕像人物重塑，成為了最早的沉思者。後來羅丹分別用大理石、石膏和銅等材料創作出不同大小的沉思者，如今全世界共有51座沉思者雕像，有25座是出自羅丹之手，其他26座是由羅丹基金會所翻製。

室內2樓座位是最佳選擇，而且不一定要喝咖啡，來杯香濃的熱巧克力，保證也會立刻愛上。

雙叟咖啡館
Les Deux Magots

如何前往

搭地鐵4號線於Saint-Germain des-Prés站下，步行約1分鐘。

info

⊙6 Place Saint-Germain des-Prés 75006 Paris ☎01 45 48 55 25 ◉7:30~1:00

🌐lesdeuxmagots.fr

　雙叟咖啡館位於出版社與畫廊最密集的地方，作家與畫家前來接洽出版事宜，理所當然就在這間咖啡館解決，久而久之，這裡就變成了作家聚會的場所，後來閒聊激發了靈感，《情人》作者莒哈絲(Marguerite Duras)和克勞岱·西蒙(Claude Simon)的「新小說主義」、沙特與卡謬(Albert Camus,1913~1960)的「存在主義」均誕生於此，對法國文學界帶來深遠的影響，「新小說」更讓克勞岱·西蒙一舉拿下諾貝爾文學獎。

雙叟名稱的由來是店內柱子上的兩個老人木雕。

花神咖啡館
Café de Flore

如何前往

搭地鐵4號線於Saint-Germain des-Prés站下，步行約1分鐘。

info

⊙172 Boulevard Saint-Germain 75006 Paris ☎01 45 48 55 26 ◉7:30~1:30

🌐cafedeflore.fr

　沙特曾說：「自由之路經由花神咖啡館…」，緊鄰雙叟的花神咖啡館，同樣也是文人畫家的聚集之地，沙特(Jean-Paul Sartre,1905~1980)和西蒙·波娃(Simone de Beauvoir,1908~1986)這對戀人在此共度愉快時光，同時激盪出存在主義哲學。

　然而真正使花神聲名大噪的應該是畢卡索，花神因為他的青睞而聲名大漲，從此成為遊客必訪的咖啡館。想要遠離紛擾，品味花神的精髓。

法國古聖先賢的長眠之地，
巴黎古典建築的代表

造訪萬神殿理由

1 新古典主義建築的典範

2 安葬許多法國的偉人

3 文化豐富、歷史悠久的
拉丁區

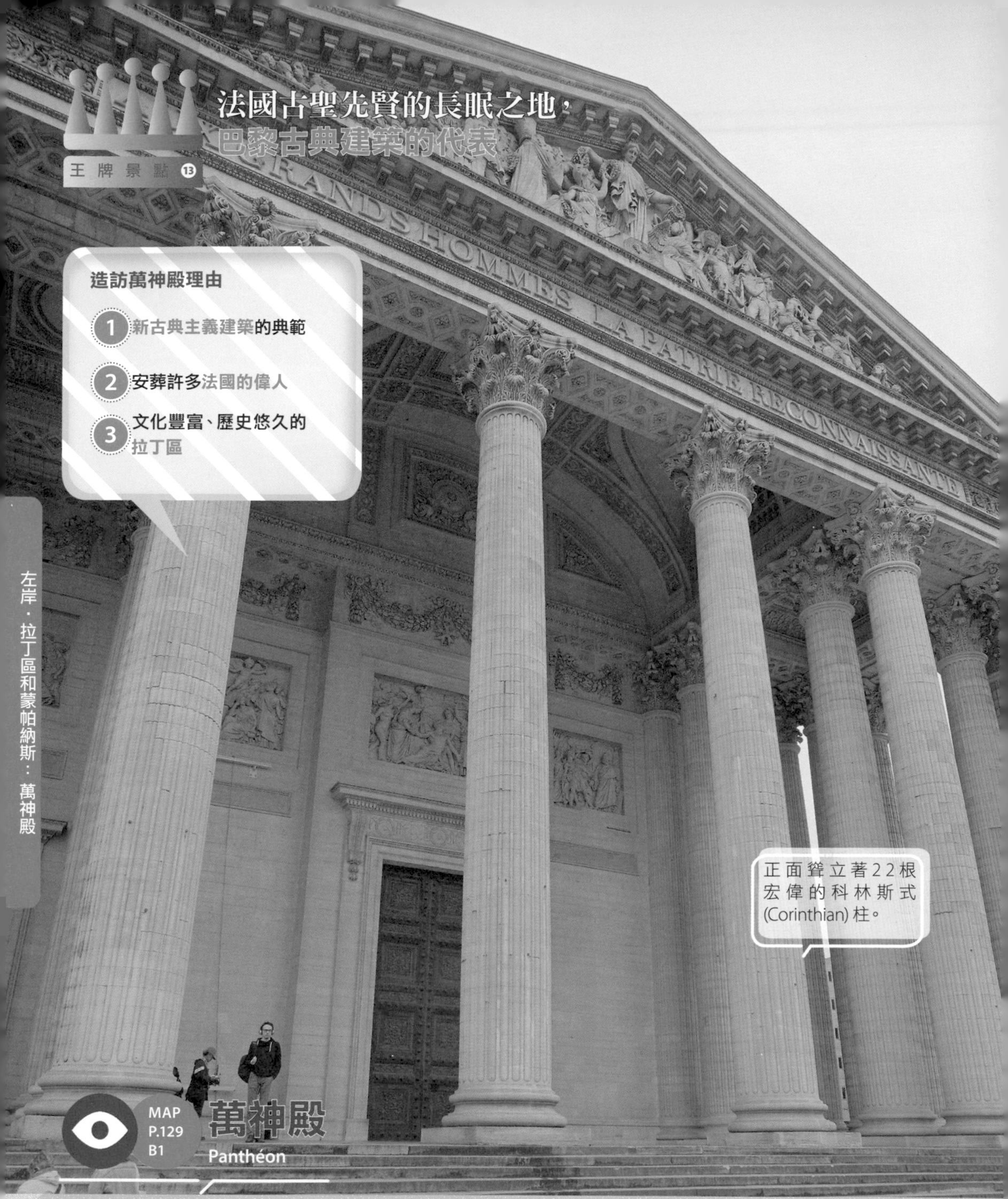

左岸・拉丁區和蒙帕納斯：萬神殿

正面聳立著22根
宏偉的科林斯式
(Corinthian)柱。

MAP
P.129
B1

萬神殿

Panthéon

　　1744年法王路易十五重病時許下承諾，只要病癒，便發願建座教堂，後來路易十五的病竟然奇蹟似的好轉，於是他將原已毀壞不堪的聖潔維耶芙修道院(Abbaye Sainte-Geneviève de Paris)重建成教堂，直到法國大革命時才重新命名，成為安置國家重要人物骨灰的萬神殿。法國的雄辯家米哈伯(H. Mirabeau)是首位安葬於此的名人，伏爾泰(Voltaire,1694~1778)、盧騷(Rousseau1,712~1778)、雨果(Victor Hugo,1802~1885)、左拉(Émile Zola,1840~1902)等名人也都安息於萬神廟的地下墓室中。

萬神殿內紀念法國大革命的雕像，中間的是瑪麗安娜(Marianne)，共和國的精神象徵。

大堂內的傅科擺是為了紀念法國物理學家傅科(Léon Foucault)證明地球自轉的實驗。

埋葬古聖先賢的墓室在地下室。

壁畫

萬神殿內的牆上佈滿了壁畫，大部分描寫的是法國的歷史和傳說故事，十分有趣。

緬懷先賢

許多人來這裡緬懷心中景仰的偉人，參觀之餘，可以去地下室的墓室表達自己的仰慕。

免費景點

拉丁區有許多免費開放的景點，像是盧森堡花園、植物園、古羅馬競技場等，記得不要錯過了。

Did YOU KnoW

似曾相識的建築？！

來到萬神殿，是否覺得建築本身很像在哪看過？！別懷疑！正面入口是仿自羅馬的萬神殿，至於建築的圓頂，則拷貝自倫敦的聖保羅大教堂。

至少預留時間
只參觀萬神殿：半小時
參觀周邊所有景點：1~3小時

搭地鐵10號線於**Cardinal Lemoine**站下，步行約5分鐘；或搭RER B線於**Luxembourg**站下，步行約6~8分鐘。

⌂**Place du Panthéon 75005 Paris**
☏ 01 44 32 18 00
◷4~9月10:00~18:30、10~3月10:00~18:00，閉館前45分鐘最後入場。♨1/1、5/1、12/25
⑤全票€13，18歲以下免費；11~3月第一個週日免費入場。⊕www.paris-pantheon.fr

延伸行程

充滿文藝氣息的拉丁區，參觀另類的景點。

國立中世紀博物館
MAP P.129 B1
Musée national du Moyen Âge

如何前往

搭地鐵10號線於Cluny La Sorbonne站下，步行約2分鐘；或搭RER B線至Saint-Michel Notre-Dame站下，步行約6分鐘。

info

🕐28 Rue du Sommerard 75005 Paris 📞01 53 73 78 00 🕐9:30~18:15(每月第1、3個星期四至21:00) 🚫週一、1/1、5/1、12/25。💲全票€12、優待票€10，18歲以下免費，每月第一個週日免費入場。🌐www.musee-moyenage.fr

國立中世紀博物館舊稱克呂尼博物館，館內的收藏品以中世紀藝術品為主，在兩層樓的空間中，展出包括中世紀彩繪手稿、掛毯、貴重金屬、陶器等，其中最受人重視的還是占大部份比例的宗教聖物，如十字架、聖像、祭壇金飾等，件件雕工精細。

博物館的建築建於14世紀，原為主教的私人宅邸，因為當初直接建在羅馬浴池之上，所以博物館內有古羅馬的遺跡。

鎮館之寶當屬《仕女與獨角獸》(La Dame à la Licorne)掛毯，這6張年代回溯到15世紀的掛毯，分別代表了人類的五種感官和追求自由的意志。

鮮明的色彩和高雅的人物表現是它不朽的原因，除了主角仕女和獨角獸外，點綴畫面的小動物如兔子、小狗和猴子等，模樣也可愛討喜。

21座國王頭雕像的國王廊(La Galerie des Rois)也是參觀重點，收藏來自巴黎聖母院、聖潔維耶芙修道院和聖日爾曼修道院等的雕像遺跡。

博物館外的建築遺跡是2,000年前的公共浴池，因遭蠻族破壞而殘破不堪；另一部份位於博物館中的公共浴池，則是興建於2世紀末的冷水池。

左岸‧拉丁區和蒙帕納斯：萬神殿

索邦大學
Université Paris-Sorbonne

公園裡頭除了芳草綠蔭之外，還有雕像、噴泉、露天咖啡座、網球場、音樂台，是巴黎人休憩、漫步的好去處。

如何前往

搭地鐵10號線於Cluny La Sorbonne站下，步行約5分鐘；或搭RER B線至Saint-Michel Notre-Dame站或Luxembourg站下，皆步行約5分鐘。

info

📍1 Rue Victor Cousin 75005 Paris

☎01 40 46 22 11

🌐lettres.sorbonne-universite.fr

❗大學內部不開放參觀

　索邦大學是歐洲最古老的學校之一，1255年時一位名叫索邦(Robert de Sorbon)的神父，在路易九世(Louis IX,1215~1270)資助下成立神學院，即索邦大學的前身。到了14世紀，該學院成為神學研究中心，在當時堪稱中世紀西方基督教世界裡的典範。由於此學院最初只以拉丁文授課，使得此區被稱之為拉丁區。

　索邦學院曾在法國革命時期遭到關閉，1808年因拿破崙而再度開放。至今索邦大學仍延續傳統，是巴黎的社會、藝術和人文科學研究重心。

盧森堡花園和盧森堡宮
Jardin et Palais du Luxembourg

如何前往

搭地鐵12號線於Rennes站、4號線於Saint Sulpice站、4和10號線於Odéon站下或10號線於Mabillon站下，皆步行約8~10分鐘；或搭RER B線於Luxembourg站下，出站即達。

info

📍Rue de Médicis-Rue de Vaugirard 75006 Paris ☎公園01 42 64 33 99；博物館01 40 13 62 00 🕐公園7:30(8:15)~16:30(21:30)；博物館僅在有展覽時開放10:30~19:00(週一至22:00) 🚫博物館5/1、12/25，無展覽期間休館 💰公園免費；博物館全票€14、半票€10(線上訂票須加手續費€1.5)，16歲以下免費。 🌐公園jardin.senat.fr；博物館museeduluxembourg.fr

　環繞著盧森堡宮的盧森堡公園，占地百頃。 園內的宮殿則是法國國王亨利四世(HenriIV)為出身義大利的皇后瑪麗·梅迪奇(Marie de Médicis)所建造的皇宮，為一解她的思鄉之情，建造靈感取自佛羅倫斯彼堤宮(Palais Pitti)。不過，法國大革命時盧森堡宮曾遭破壞，今日的面貌是重建後的成果，除了部份做為法國國會使用外，其餘改建成博物館，內部展示文藝復興和現代藝術，以及有關這位來自義大利皇后的紀念文物。

校園內法國哲學家孔德的雕像。

來到這裡，不妨前往索邦教堂旁的索邦廣場上，找一家咖啡座坐下來，看著往來的學生行人，感受一下濃厚的學術氣息。

左岸·拉丁區和蒙帕納斯：萬神殿

MAP P.129 C2

植物園
Jardin des Plantes

©copyright One World Observatory

植物園中還有植物學博物館、植物學學校等研究機構。

如何前往

搭地鐵5、10號線或RER C線於Gare d'Austerlitz站下，或搭地鐵7、10線於Jussieu站下，皆步行約2~3分鐘。

info

⌂57 Rue Cuvier 75005 Paris ☎01 40 79 56 01 ◷夏季7:30~20:00、冬季8:00~17:30(開放時間依季節而異) ⓢ免費

🌐www.jardindesplantesdeparis.fr

　1626年創立時稱之為「國王花園」(Jardin du Roi)，最早為路易十三的御醫所成立的皇室草藥植物園，同時設有學校教授植物學、博物學和藥學。1739年Comte de Buffon成為館長後，大力擴充園區範圍，最後終於演變成今日這座占地28公頃的植物園。

　花草種類繁多的植物園有許多來自各國的植物，如阿爾卑斯山、喜馬拉雅山的松樹、黎巴嫩的雪松等，到此除了可欣賞

各種奇花異草外，還可以辨識更多的植物，或者找個椅子坐下來，欣賞美景並呼吸空氣中的芬多精。

四月必來的賞櫻勝地！
巴黎四月天也是賞櫻天，特別是植物園內盛開的日本櫻花，更是不能錯過的聖地喔！

MAP P.129 C2

巴黎清真寺
Grande Mosquée de Paris

如何前往

搭地鐵7號線於Censier Daubenton或Place Monge站下，皆步行約3~5分鐘。

info

⌂2 bis Place du Puits de l'Ermite 75005 Paris ☎01 45 35 97 33 ◷9:00~18:00 ⓚ週五和伊斯蘭教假日。 ⓢ全票€3、優待票€2

🌐www.grandemosqueedeparis.fr

　興建於1926年的巴黎清真寺，洋溢著迥異於其他巴黎建築風格的西班牙摩爾式風情，是巴黎伊斯蘭教徒的信仰中心與回教領袖的所在地。該清真寺的出現，目的在於紀念那些於一次世界大

高33公尺的喚拜塔指引著前來參觀的遊客。

從對外開放的迴廊，可以欣賞點綴著水池與柏樹的中庭。

馬蹄狀的白色拱廊裝飾著繽紛的馬賽克鑲嵌。

期間為法國人對抗德國人而傷亡的伊斯蘭戰士。院內的設計隱約可見西班牙安達魯西亞的阿罕布拉宮的縮影，洋溢著巴黎罕見的中東異國風情。

古羅馬競技場
Arène de Lutèce

如今競技場連同四周的綠地被開發成一座小型的廣場公園，是各類戲劇表演的絕佳場地，也是假日親子休閒運動的好地方。

如何前往

搭地鐵10號線於Cardinal Lemoine站下，或搭地鐵7號線於Place Monge，或搭地鐵7、10線於Jussieu站下，皆步行約3~5分鐘。

info

⚲49 Rue Monge, 75005 Paris ☎01 45 35 02 56 ⏱8:00(9:00)~18:00(20:30)，開放時間依季節而異 ⓢ免費

古羅馬競技場位於Place Monge靜謐的住宅區間，興建於西元1世紀末的它一直使用到3世紀末，長約41公尺的舞台用來表演格鬥士對抗和戲劇演出，層層高起的座位的共可容納約15,000名觀眾，上方是奴隸、窮人和婦女的座位，下方才是羅馬男性公民的觀賞位置，在下方觀眾席底部有5個當作野獸牢籠的方洞，一旦打開閘門，他們就可以直接進入舞台和人類廝殺。

圍繞祭壇的雙迴廊最具建築美感。

內部的彩色玻璃繪滿聖經宗教故事，賦予參觀者視覺上相當強烈的震撼力，在昏暗光線和氣氛的襯托下，充滿了肅穆的神秘感。

聖賽芙韓教堂
Église Saint-Séverin

如何前往

搭地鐵10號線於Cluny-La Sorbonne站下，或搭地鐵4號線於Saint-Michel站下；或搭RER B、C線於St-Michel Notre-Dame站下，皆步行約2~3分鐘。

info

⚲3 Rue des Prêtres Saint-Séverin Paris ☎01 42 34 93 50 ⏱週一~週六9:30~19:30、週日9:00~20:00，每月開放時間略有變動，請上網查詢。 ⓢ免費 🌐saint-severin.com

Did YOU KnoW

世界上的第一次的膽結石手術

傳聞1474年時候有個被判死刑的弓箭手，和路易十一談成了買賣，只要答應接受膽結石手術，就可獲得自由。而這也是歷史上首次的膽結石手術。手術後病人也成功的存活。

屬於哥德式建築的聖賽芙韓教堂裝飾繁複，堪稱巴黎最美的教堂之一。建於11世紀，是拉丁區最古老的教堂，原本是社區型的小教堂，到了13世紀為了因應規模變大的社區而擴建，成為了今日所看到的哥德式風格。就算是沒有宗教信仰的人，只是站著欣賞眼前的這一切，都會產生一種平和靜謐的感受。雖然聖賽芙韓教堂沒有聖母院和聖禮拜堂的高知名度，但絕對是一個相當值得拜訪的經典教堂。

左岸‧拉丁區和蒙帕納斯：萬神殿

大學生和觀光客的福地，平價美食聚集地拉丁區

左岸‧拉丁區和蒙帕納斯：萬神殿

Au P'tit Grec
三明治和可麗餅

可麗餅
€2.5~7.5
推薦菜

🏠 **68 Rue Mouffetard 75005 Paris**

這家輕食小吃店總是在大排長龍，充滿了大學生和觀光客，一邊排隊一邊看著爐子上被餡料滿滿覆蓋的可麗餅皮。店家位在熱門景點萬神殿附近，店裡有可麗餅、三明治、沙拉等等輕食選擇，最受歡迎的就是可麗餅了，鹹的、甜的加起來有幾十種口味，還可以依自己喜好搭配不同的餡料，每一份的價錢從2.5歐~7.5歐不等，價格十分實惠，在物價高的嚇人的西歐非常親民，最重要的是用料很大方！道地、平價、分量大、美味，完全集滿了高人氣的必備要素，也難怪這家店的知名度越來越高，以後人潮只會更多！

🔼P.129C2 🚇搭地鐵7號線於Place Monge站下，步行約1分鐘。 ☎06 50 24 69 34 ⏰10:30~2:00 🌐auptitgrec.com

清真寺茶館
Restaurant La Mosquée de Paris
阿拉伯點心

各式
阿拉伯點心
€2
推薦菜

🏠 **39 Rue Geoffroy-Saint-Hilaire 75005 Paris**

坐落於河左岸的巴黎清真寺，洋溢著西班牙摩爾式風格，在這棟擁有白色尖塔的建築中，附設了一間茶館和餐廳，充滿了異國風情。茶館坐落於一座枝葉扶疏的小中庭裡，桌椅設計以藍白色調為主，穿著黑色背心的服務生送上一杯杯甜蜜的熱薄荷茶，無論春夏秋冬都為人帶來一股清新。位於室內的甜點櫃中，陳列著色彩繽紛、造型特殊的點心，五花八門令人難以抉擇，每個均€2，不妨隨意挑選幾件品嘗，在跳上跳下的小麻雀陪伴下，幻想置身神秘的中東世界。

🔼P.129C2 🚇搭地鐵7號線於Place Monge或Censier Danbenton站下，皆步行約3~5分鐘。 ☎01 43 31 38 20 ⏰9:00~00:00 🌐www.la-mosquee.com

陳氏美食
Tang Gourmet
港式小吃

🏠 **188 Avenue de Choisy 75013 Paris**

燒臘便當
€7~€10
推薦菜

如果你的預算有限、或是懷念家鄉味，陳氏美食絕對是你不能錯過的首選！繼在巴黎中國城Place d'Italie開設大型亞洲食物超商後，陳氏更在地鐵站旁開設了這間快餐餐廳，現成的炒飯、炒麵、各類炒菜、沙爹、甚至春捲等點心，全陳列於櫃中，每份是大小而異，價格都在€5~10上下，你可以點樣菜搭配炒飯或炒麵，或者點一份大到令人吃不完的燒臘便當，燒鴨、叉燒、油雞、三層肉…多種拼法只不到€10，其中又以三層肉最為美味，表皮之脆令人驚艷。就算你懷念豆漿、或青島啤酒，這裡也都買得到，更棒的是，你還可以用中文點餐。

🔼P.129C2 🚇搭地鐵5、6、7線於Place d'Italie站下，步行約1~2分鐘。 ☎01 45 83 64 91 ⏰10:00~20:00 💲均消€5起 🌐www.tang-freres.fr

巴黎少數的摩天大樓，欣賞無死角的美麗市景

左岸・拉丁區和蒙帕納斯：蒙帕納斯塔

造訪蒙帕納斯塔理由

1 曾經是巴黎最高的現代建築

2 從蒙帕納斯塔可以欣賞巴黎市景

3 氣氛滿點的景觀餐廳和咖啡廳

MAP
P.129
A2

蒙帕納斯塔
Tour Montparnass

　蒙帕納斯塔樓高210公尺，塔頂擁有極佳的視野，最遠可達40公里，甚至連北郊的蒙馬特聖心堂(Basilique du Sacré-Coeur)，都能映入眼簾。

　想要登頂望遠，只需搭上高速電梯，就能輕鬆登上標高196公尺蒙帕納斯塔的56樓，這裡不僅附設各種簡介，清楚指示遊客眼前景觀的詳細資料，還展示了當年艾菲爾鐵塔建造時的珍貴歷史照片。

至少預留時間
參觀附近景點：1小時
登上塔頂：1~3小時

⌂ 33 Avenue du Maine 75015 Paris ☎ 01 45 38 52 56
◷ 4~9月9:30~23:30，10~3月週日~週四9:30~22:30、週五、週六和國定假日前夕9:30~23:00，售票至關閉前30分鐘。 ⊙全票€19(非假日€18)、優待票€10~14.5，4歲以下免費。
🌐 www.tourmontparnasse56.com

搭地鐵4、6、12、13號線於Montparnasse-Bienvenüe站下，步行約1分鐘。

怎麼玩
蒙帕納斯塔才聰明？

日夜通票

購買日夜通票可以在48小時內任意時間參觀2次。

56樓全景咖啡廳

一邊吃下午茶一邊欣賞巴黎的市景，還在等什麼呢？

Did YOU KnoW

曾經的巴黎第一高建築

蒙帕納斯塔建成後備受批評破壞巴黎的市容，當地人經常取笑說：「蒙帕納斯塔提供巴黎最美的視野，因為在這裡是看不到巴黎唯一摩天大樓之處」。啟用當時是歐洲第一高樓，如今已經是第37名了，甚至在巴黎也被拉德芳斯區的新大樓 Tour First 超越了。

遊客還可以來到頂樓的露天觀景台，尤其是夕陽西下時分，華燈初上，花都風華盡在遊人懷抱之中，更添浪漫。

延伸行程
探索神祕的地下墓穴，
再去浪漫的咖啡館度過一天

入口的黎巴嫩香柏曾是18世紀法國浪漫主義先驅夏多布里昂所植的，基金會將這棵200歲的老樹作為入口地標，與當代的玻璃建築相互呼應。

MAP P.129 B2

卡地亞現代藝術基金會
Fondation Cartier pour l'Art Contemporain

如何前往

搭地鐵4、6號線於Raspail站下，或搭地鐵4、6號線或RER B線於Denfer-Rochereau站下，皆步行約3~6分鐘。

info

⊙261 Boulevard Raspail 75014 Paris
☎01 42 18 56 50 ◷11:00~20:00(週二至22:00) ㊡週一 ⑤全票€11，優待票€7.5，13歲以下免費。 ⊕www.fondationcartier.com

法國知名的珠寶品牌卡地亞(Cartier)，曾是國王御用的珠寶商，以頂級的精品聞名全球。卡地亞於1994年在巴黎打造的這棟基金會大樓。

這棟建築最大的特色就是以全玻璃打造的外觀，立面頂層高出屋頂平台數公尺，故意讓天空成為建築的背景，光線透過層層的玻璃帷幕，與基地上密植的樹，

基金會的由來

從前的法國，只能允許政府涉入文化產業，私人企業不能贊助藝術家，於是卡地亞董事長**Alain Dominique Perrin**針對這個陋習向法國政府挑戰，並於1986年提出「法國藝術贊助」報告，希望政府能夠釋出藝術管轄權，讓私人企業和藝術家能夠合作共利，於是基金會就此應運而生。

形成一系列不可思議的折射與光影效果，不管從哪個角度欣賞，都能為玻璃屋之美感到讚嘆。

基金會常與知名的藝術家或是設計師合作企畫展覽，讓基金會從外到內都有看頭。

149

布爾代勒美術館
Musée Antoine Bourdelle

許多為各廣場設計的石膏模型，規模相當壯觀。其中包括布爾代勒為香榭麗舍劇院(Théâtre des Champs-Elysées)所設計的浮雕裝飾。

如何前往

搭地鐵4、6、12、13號線於Montparnasse-Bienvenüe站下，或搭地鐵12號線於Falguière站下，皆步行約3~6分鐘。

info

⊙18 Rue Antoine Bourdelle Paris ☎01 49 54 73 73 ●10:00~18:00 ⊛週一、1/1、12/25 ⊜常設展免費、特展視展覽而異。 ⊕www.bourdelle.paris.fr

這座位於寧靜住宅區中的美術館，是展示20世紀法國著名雕塑大師布爾代勒(Antoine Bourdelle,1861~1929)作品並紀念其生平的地方。美術館外是展示大型雕塑作品的花園，參觀者可由此前往原為他工作室的大廳，此處也同樣展示他的巨型雕塑。

共分兩層的建築，陳列了布爾代勒生前900多件作品，其中以半身銅像居多，最受注目的有《羅丹的胸像》、《貝多芬像》、《大力士拉弓》(Héraklès Archer)和《阿波羅頭像》。

地下墓穴
Catacombes

如何前往

搭地鐵4、6號線或RER B線於Denfer-Rochereau站下，出站即達；或搭地鐵4、6號線於Raspail站下，或搭地鐵6號線於Saint-Jacques站下，或搭4號線於Mouton-Duvernet站下，皆步行約6~8分鐘。

info

⊙1 Avenue du Colonel Henri Rol-Tanguy 75014 Paris ☎01 43 22 47 63 ●9:45~20:30，閉館前1小時最後入場 ⊛週一、1/1、5/1、12/25 ⊜全票€29、優待票€10~23，4歲以下免費入場。 ⊕www.catacombes.paris.fr

從古羅馬時代開始，巴黎人就有將亡者埋葬於城市邊緣的習俗，然而隨著城市的擴張和人口的膨脹，漸漸的基地不敷使用，隨意下葬的情況進而引發水源汙染等環境衛生問題。1777年路易十六下令開始尋求廢棄的採石場當作地下墓穴，終於在1786年時尋得這處舊礦

入內的遊客將深入地底20公尺，在全年維持14℃的溫度下，進行一場全長1.5公里的「驚奇之旅」。

由於內部遍布錯縱複雜的穴道系統，因此二次大戰期間，這裡還成為法國抵抗運動(La Résistance Française)成員名符其實的地下基地。

如今地下墓穴的「居民」共高達600萬。

由於地下墓穴有人數限制，每次只開放200名入場，建議提早上網預訂，留意黃牛假票。

場，並花了將近30年的時間才將所有巴黎公墓中的遺骸搬遷至此。1859年時，因為都市更新計畫，運來了最後一批出土的骨頭。這座地下墓穴於2002年正式成為一座博物館對外開放。

蒙帕納斯墓園
Cimetière de Montparnass

MAP
P.129
A2,B2

如何前往

搭地鐵4、6號線於Raspail站下，或搭地鐵6號線於Edgard Quinet站下，或搭地鐵13號線於Gaîté站下，皆步行約5分鐘。

info

🏠3 Boulevard Edgard Quinet 75014 Paris ⊙ 8:00(或9:00)~20:00(或17:30或18:00) 💰免費

這座1842年啟用的墓園，因拿破崙指示將舊城內的小墓園遷至城外而建，成為巴黎許多名人的最後安息地，也因為它的名聲響亮，總吸引許多遊客慕名前來。

占地19公頃的它，是巴黎城內第二大的墓園，和東方的墓園相比，蒙帕納斯墓園的更較整潔。

長眠於此的名人包括法國文學史上著名的存在主義戀人沙特和西蒙·波娃、19世紀知名小説家莫泊桑(Guy de Maupassant,1850~1893)、《惡之華》作者波特萊爾(Charles Baudelaire, 1821~1867)、《等待果陀》作者貝克特(Samuel Beckett, 1906~1989)、紐約自由女神像的創作者巴透第(Frédéric Auguste Bartholdi, 1834~1904)等。

圓廳咖啡館
La Rotonde

MAP
P.129
B2

如何前往

搭地鐵4號線於Vavin站下，出站即達。

info

🏠105 Boulevard du Montparnasse 75006 Paris 📞01 43 26 48 26 ⊙7:30~2:00 🌐 larotonde-montparnasse.fr

位於地鐵站出口的圓廳咖啡館創立在1911年，在過去就深受畫家的喜愛，兩次世界大戰期間，這裡更成為超現實主義者經常前來高談闊論的地方。除了咖啡，這裡還供應傳統法式啤酒和法式料理，牛肉、生蠔佳餚讓人驚豔，不妨花些預算，在這間紅色的餐廳裡大快朵頤一番。

除了觀光客，它仍然深受藝術工作者和當地人的喜愛，他們往往端著一杯熱騰騰的咖啡，尋找創作靈感或是悠閒度過一整天。

圓頂咖啡館
La Coupole

MAP
P.129
B2

如何前往

搭地鐵4號線於Vavin站下，步行約1分鐘。

info

🏠102 Boulevard du Montparnasse 75014 Paris 📞01 43 20 14 20 ⊙8:00~00:00(週日~週一至23:00) 🌐www.lacoupole-paris.com

位於蒙帕納斯區主要道路——蒙帕納斯大道上的圓頂咖啡館，歷史悠久，創於1927年，當時正是此區文風鼎盛之時，沙特、海明威等人都曾是座上賓。雖然年代久遠，但由店內裝飾的柱子及紅色絲絨座椅裝潢，仍可嗅出當年繁華的味道。

其名稱由來倒不是因為外觀上有一座圓頂，而是在它的內部，其設計特色在於室內樑柱上的裝飾藝術，以及餐廳內牆全飾以蒙帕納斯畫家的畫作，氣氛優雅，而海鮮和魚類餐點是該餐廳最大的特色。

圓頂不只是座咖啡館，還是餐廳。

走進艾蜜莉的異想世界，夢幻般的都會桃花源。

蒙馬特和共和國
Entre le Montmartre - la République

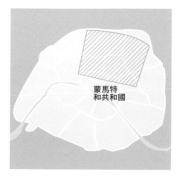

蒙馬特
和共和國

2002 年，因為一部法國電影——《艾蜜莉的異想世界》造成全球轟動，讓人們對於劇中女主角生活的蒙馬特和共和國一帶，產生了濃厚的興趣；而這兩個位於巴黎北面的區域，確實也洋溢著迥異於巴黎市中心的風情，狹窄的石頭巷弄、可愛的購物小店、齊聚著畫家的廣場…早年的蒙馬特充斥著藝術家和酒館，瀰漫著放蕩不羈的氣息，如今這裡的夜生活也不遑多讓，紅磨坊、狡兔之家是其中的代表。至於聖馬丁運河流經共和國區，有種遠離喧囂的愜意，兩旁的咖啡館和商店主人，許多是來自世界各地的移民。

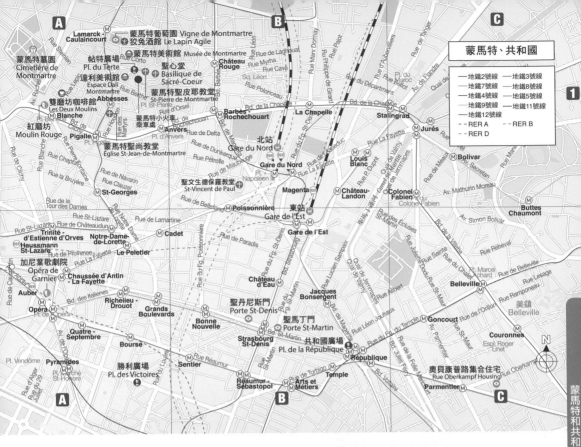

蒙馬特、共和國

─ 地鐵2號線	─ 地鐵3號線
─ 地鐵7號線	─ 地鐵8號線
─ 地鐵4號線	─ 地鐵5號線
─ 地鐵9號線	─ 地鐵11號線
─ 地鐵12號線	
─ RER A	- - RER B
─ RER D	

153

浴火重生的精神象徵，巴黎北區的地標。

造訪聖心堂理由

① 蒙馬特山丘的美麗風景

② 巴黎北區的熱門地標

③ 建築風格獨特的教堂

蒙馬特和共和國：聖心堂

MAP
P.153
A1

聖心堂
Basilique de Sacré-Coeur

　　聖心堂是蒙馬特的地標，矗立在蒙馬特山丘上。這間興建於19世紀末的教堂，造型迥異於其他巴黎教堂，在當時被視為風格大膽的設計。1870年普魯士進軍法國，慘遭圍城4個月的巴黎戰況激烈，城內所有糧食都被吃得一乾二淨，後來巴黎脫離戰爭威脅，為了感謝耶穌，也為了紀念普法戰爭因而興建聖心堂。

　　教堂由Paul Abadie設計，於1875年開始興建，直到1914年才落成，並於一次世界大戰結束後才開光祝聖。

35 Rue du Chevalier-de-la-Barre 75018 Paris
01 53 41 89 00
6:30~22:30
免費
www.sacre-coeur-montmartre.com
纜車車資同地鐵票€2.15

至少預留時間
參觀聖心堂：1小時
深度探索蒙馬特：3~5小時

搭地鐵2號線於Anvers站下，步行約10分鐘。

小心手繩黨

聖心堂是手繩黨出沒的大本營，專挑觀光客下手，遇到了直接走掉是最安全的。

用Pass Navigo免費搭乘纜車

使用Pass Navigo巴黎交通卡週票或月票，可以免費搭乘纜車下山。

蒙馬特小火車

搭乘小火車可以穿梭蒙馬特的街道，持有Paris Pass可以免費搭乘，直接購票全票是€10，地點在地鐵Blanche站外。

蒙馬特和共和國：聖心堂

教堂正門最上方可見耶穌雕像，入口處的浮雕也描述種種耶穌生平事蹟，因為這是間獻給耶穌「聖心」的教堂。

建材使用的材料是白色石灰華岩，這種岩石所滲出的方解石，可以讓聖心堂免除風化與污染維持白色的外觀，所以又稱為「白教堂」。

聖心堂前方的階梯廣場，總是有許多街頭藝人在此表演，大部分觀光客也會坐在這裡休息。

聖心堂最吸引人的不只是教堂本身，而是那一望無際的巴黎風光，也難怪教堂前的廣場總是人滿為患。

除了步行，也可以搭乘纜車上山。

喂！小心不幸運的幸運繩！
許多觀光區多會充斥詐騙集團，當然聖心堂也不例外！遊客來到這裡，很容易會碰到一群手繩黨主動上前幫你綁上幸運繩，且還會表明可以許願、帶來幸運。但是，價格不菲且多會被半脅迫地被掏腰包，且不論許願會否心想事成，光是碰到就覺得一點都不幸運吧！

延伸行程
來到艾蜜莉的異想世界，藝術氣息濃厚的蒙馬特。

✝ **MAP P.153 A1** **蒙馬特聖尚教堂**
Église Saint-Jean de Montmartre

如何前往

搭地鐵12號線於Abbesses站下，出站即達。

info

⌂ 19-21 Rue des Abbesses 75018 Paris

☎ 01 46 06 43 96　⊛ 免費

🌐 www.saintjeandemontmartre.com

　來到Abbesses地鐵站，體力好的人不妨不坐電梯改走樓梯，這裡的樓梯牆面彩繪著可愛的圖畫，非常有趣。離開Abbesses地鐵站時，也別忘了欣賞這座由新藝術大師Hector Guimard設計、造型特殊造型的出口，其以鑄鐵打造而成，充滿裝飾風格。

　正對著出口的蒙馬特聖尚教堂，由設計師Anatole de Baudot於1904年完成，不同於其他教堂的古典風格，它是巴黎第一座以鋼筋混凝土建造的現代教堂，並

教堂內外的裝飾主題靈感來源是聖約翰福音中的故事。

使用磨光原色寶石加以裝飾，帶有世紀末的頹廢氣息，卻又不失莊重。

👁 **MAP P.153 A1** **愛牆**
Le mur des je t'aime

如何前往

搭地鐵12號線於Abbesses站下，出站即達。

info

⌂ Square Jehan Rictus, 14 Pl. des Abbesses 75018 Paris　☎ 01 53 41 18 18　◷ 平日 8:00~17:30(~21:00)，週末9:00~17:30 (~21:00)。　🌐 www.lesjetaime.com　❶ 愛牆目前進行整修暫停開放，預計2024年春天重新開放

　從Abbesses地鐵站走入附近的小公園，就在蒙馬特聖尚教堂的對面，可以看到藝術家巴隆(Frédéric Baron)的作品

愛牆已經成為情人必訪的浪漫景點。

「愛牆」。這座由511塊藍色磁磚拼貼而成的牆面上，寫著總計311種字體、280種語言的「我愛你」。仔細看，連中文的示愛字眼也在其中唷！他在2001年的情人節建了這座牆，隨著越來越受到歡迎，愛牆也成為了蒙馬特的人氣景點。

MAP P.153 A1

帖特廣場
Place du Terte

畫家在此展售自己的創作，價格大部分都平易近人。

如何前往

搭地鐵2號線於Anvers站下，或搭地鐵12號線於Abbesses站下，皆步行約8~10分鐘。

約莫兩個籃球場大的帖特廣場，堪稱蒙馬特最擁擠的地方，聚集著眾多畫家，吸引遊客到此一遊。出現於這座小型畫家市集的大部分是人像畫家，可以立即幫你畫出一幅寫真或漫畫素描，也有部分是巴黎風景寫生。

儘管幾百年來蒙馬特是不少知名畫家的搖籃，大名鼎鼎的畢卡索就是其一，但根據巴黎市政府曾做過的一項統計，近數十年來在帖特廣場擺攤的畫家，竟沒有一位成名，成為有趣的對比。

Did YOU KnoW

哪些知名藝術家曾經在這裡創作？

① 薩爾多瓦·達利(西班牙)
② 阿梅代奧·莫迪利亞尼(義大利)
③ 克勞德·莫內(法國)
④ 巴勃羅·畢卡索(西班牙)
⑤ 文森·梵谷(荷蘭)

MAP P.153 A1

蒙馬特美術館
Musée de Montmartre

如何前往

搭地鐵12號線於Lamarck-Caulaincourt站下，步行約5~8分鐘。

info

⌂12 Rue Cortot 75018 Paris ☎01 49 25 89 39 ◷10:00~18:00(售票至17:15) ◉全票€15、優待票€8~10，10歲以下免費。 🌐museedemontmartre.fr

蒙馬特美術館的必看收藏

1. 史泰倫《黑貓夜總會》
2. 羅特列克《布魯昂在蘆笛夜總會》、《阿里斯蒂德·布魯昂在他的夜總會》、《貪食者-紅磨坊舞會和日本聽夜總會》的海報
3. 莫里斯·郁特里羅《皮嘉樂廣場》
4. 安德烈·尤特爾《柯爾托街12號的房子》
5 亨利·里維耶《皮影戲》
6. 狡兔酒吧的招牌
7. 蘇珊娜·瓦拉東的畫作

這棟蒙馬特最古老的的旅館，完整保存了蒙馬特與藝術家們之間的繽紛歷史！1680年代，曾被當時的演員Claude Roze買下它當成住宅。19世紀開始，這棟房舍整修為藝術家的工作室，成為雷諾瓦在巴黎的第一個落腳處，從此便展開它與藝術圈的不解之緣，不少藝術家都曾在此租屋創作。

目前美術館中展出了記錄蒙馬特歷史及風景的畫作，而過去藝術家們留下的紀念物品，也讓這個小小美術館每年都吸引上萬遊客前來朝聖。

據說館內庭院還是雷諾瓦知名畫作《鞦韆》的場景，雖然現在的庭院已不若當年綠樹參天，但卻仍不改其清幽愜意的氣息。

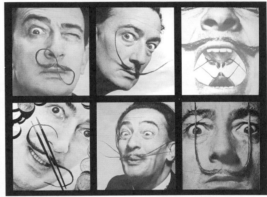

達利的超現實藝術在這處想像空間中一覽無遺,特別是達利常用的「時間」主題,都可在各種雕塑、繪畫作品中發現。

結束參觀重返出口時,不要忘了欣賞沿途階梯旁的趣味照片,達利用各種有趣的鬍子造型創作出另類的藝術作品。

MAP P.153 A1 達利美術館
Espace Dalí Montmartre

如何前往
搭地鐵12號線於Abbesses站下,步行約5~8分鐘。

info

🏠 11 Rue Poulbot 75018 Paris

📞 01 42 64 40 10

🕐 10:00~18:00 ⓧ 12/25 💲 全票€14、優待票
€10~12,8歲以下免費

🌐 www.daliParis.com

這座美術館由達利親手設計,收藏了約300多件個人作品,包括雕塑和版畫,充滿了不可思議的風格,其中又以《愛麗絲夢遊仙境》(Alice in Wonderland)、《太空象》(Space Elephant)、《燃燒中的女

狂妄的達利
達利(Salvadore Dalí, 1904~1989)不但是超現實主義的領袖,也是本世紀最受爭議的藝術家,畫中的意境難測,常常大膽使用有爭議性的元素;個人行事乖張,甚至與父親決裂。不過作風狂妄的達利,與妻子卡拉·達利情深義重,許多作品也多以卡拉為創作原型,甚至毫不掩飾地將卡拉描繪成聖母的形象。他們的感情也成為一段佳話。

人》(Woman Aflame)、《時間》(Time)等備受矚目。這些位於藝廊地下室展覽廳中的作品,全都是待價而沽的真蹟,也是全法國唯一一處專設達利永久展的場所,就連博物館中的配樂也經特別設計。

MAP P.153 A1

蒙馬特葡萄園
Vigne de Montmartre

蒙馬特葡萄園儘管只擁有不到2,000株的葡萄藤，卻增添了獨特的風情。

如何前往

搭地鐵12號線於Lamarck-Caulaincourt站下，步行約3分鐘。

info

◉位於Rue des Saules和Rue Saint-Vincent

❶不對外開放

　蒙馬特在16世紀時曾葡萄園遍布，直至附近平原，17世紀時才大量縮減面積，只保留足供生產當地居民飲用的葡萄園大小，後來甚至一度成為兒童遊樂場，甚至流浪漢的地盤。

　不過在20世紀初，因為各界的盼望，蒙馬特又開始種植葡萄。由於葡萄園由巴黎市政府接手管理，因此每當葡萄成熟時，採收到的葡萄都會在18區的市政府地窖中壓榨，而每年10月舉辦的蒙馬特葡萄採收節(Fête des vendanges de Montmartre)，也會舉辦熱鬧的遊行活動。

MAP P.153 A1

狡兔酒館
Le Lapin Agile

至今酒館外牆上都還看得到《吉勒的兔子》的複製品。

如何前往

搭地鐵12號線於Lamarck-Caulaincourt站下，步行約3分鐘。

info

◉22 Rue des Saules 75018 Paris ☎01 46 06 85 87 ◷週二、週四~週六21:00~1:00 ⊗週日、週一、週三 ⊜入場費成人€35、學生平日優惠€25(皆含1杯飲料)，加點含酒精飲料€5~9、不含酒精飲料€3~5。◉au-lapin-agile.com

　狡兔酒館打從1860年就展開它風光的歷史，酒館的歷史故事也總是為人所稱道。這裡一直以來以詩、歌等法國民謠表演著稱，過去可是作家、畫家們群聚出沒的重要場地，包括畢卡索、尤特里羅、莫迪里亞尼(Amedeo Modigliani)、詩人魏爾倫(Paul Verlaine)、都曾是這裡的常客，也因此讓酒館成了不少畫家的筆下素材。

　直到今天，酒館還是維持一貫的傳統，每晚上演精采的音樂表演，也讓這個酒館成了體驗舊日美好氣氛的最佳去處。

Did YOU KnoW

酒館的名字由來

起初這家酒館以「殺手」(Cabaretdes Assassins)為名，因為據説有天殺手破門進來殺了主人的兒子，所以被稱為「殺手酒吧」。直到1880年畫家吉勒(André Gillh)在這裡畫下了一幅兔子手持酒瓶跳出煎鍋的畫作，由於法文裡「吉勒的兔子」(Le Lapin à Gillh)與「狡兔」(Lapin Agile)諧音，而讓這裡從此改名為狡兔酒館。

蒙馬特墓園
Cimetière de Montmartre

MAP P.153 A1

少了刻板印象中墓園的陰森與淒涼，蒙馬特墓園反而像個大公園般，在清幽中帶著安適氣息，到處可看到記錄先人生平的石雕點綴其中。

如何前往

搭地鐵2號線於Blanche站下，或搭地鐵2、13號線於Place de Clichy站下，或搭地鐵13號線於La Fourche站下，皆步行約3~5分鐘。

info

📍20 Avenue Rachel 75018 Paris

📞01 53 42 36 30　🕐8:30(或9:00)~17:00(或18:30)　💰免費

蒙馬特墓園是巴黎第三大墓園，許多終其一生流連在蒙馬特工作及生活的藝術家，就連身後都選擇在此安息，而這些名人，也讓蒙馬特墓園吸引不少遊客前來憑弔，其中廣為人知的包括身兼雕塑家和畫家的竇加(Edgar Degas, 1834~1917)、作家左拉(Émile Zola, 1840-1902)、俄國著名芭蕾舞者尼金斯基(Vaslav Nijinsky)等。

紅燈區，可說愈晚愈熱鬧，但建議遊客不要獨行。

紅磨坊兩旁則延伸著巴黎著名的

紅磨坊
Moulin Rouge

MAP P.153 A1

如何前往

搭地鐵2號線於Blanche站下，步行約1分鐘。

info

📍82 Boulevard de Clichy 75018 Paris

📞01 53 09 82 82

🕐19:00(晚餐+表演秀)、21:00、23:00各一場

💰19:00(晚餐+表演秀)€225起、21:00€110起、23:00€88起。

🌐www.moulin-rouge.com

蒙馬特還有另一項有名的「特產」——舉世聞名的康康舞，地點就在紅磨坊，而門口的紅色風車更成為大家耳熟能詳的招牌。曾經最多有30多座風車在此運轉，它們都成為雷諾瓦的《煎餅磨坊的舞會》或是尤特里羅畫中蒙馬特街景的背景，如今僅剩寥寥無幾，而紅磨坊這座已有100年以上的歷史。夜總會上演的是著名的康康舞，搭配穿著鮮豔的上空舞孃，以及聲光效果一流的表演場地，為觀賞者提供一場充滿感官的饗宴。

蒙馬特和共和國：聖心堂

巴黎年輕人的最愛，悠閒舒適的
共和國區。

蒙馬特和共和國·共和國廣場

MAP
P.153
B2

共和國廣場
Place de la République

這座位於四通八達的大道中央的圓形場地稱之為共和廣場，於
1854年由奧斯曼男爵(Baron Georges Eugène Haussmann)建造，
之後又於1883年，由Dalou打造了一尊聳立於今日廣場中央的聖母
雕像，該雕像高約10公尺，以嚴肅的表情望向天空舉著火炬。雕像
下方的底座是為宣告第三共和時代的到來所建，出自Morice兄弟
之手，裝飾四周的嵌板，以浮雕描繪法國的歷史場景。

至少預留時間
共合國廣場打卡：半小時
沿著運河探索共合國區各處：1~3小時

搭地鐵3、5、8、9、11號線於République
站下，出站即達。

造訪共和國廣場理由

1. 共合國區的藝文休閒中心

2. 聖馬丁運河沿岸的浪漫景色

3. 時下巴黎年輕人最喜歡的地區

怎麼玩 共和國廣場才聰明？

喝一杯

日落後的共和國廣場和運河沿岸是巴黎年輕人殺時間的好地方,因為這裡有許多**風格獨特咖啡館和酒吧**。

搭乘遊船

和欣賞塞納河沿岸的景色不同,聖馬丁運河的風景更有當地的特色。

廣場四周有許多咖啡廳,氣氛悠閒。

搭乘運河遊船欣賞美景,再去美鎮感受不一樣的巴黎。

延伸行程

聖丹尼斯門的兩側是方尖碑的雕刻。

聖馬丁門上的雕刻描寫路易十四的功績。

 MAP P.153 B2 聖丹尼斯門和聖馬丁門
Porte Saint-Denis et Porte Saint-Martin

如何前往

搭地鐵4、8、9號線於Strasbourg Saint-Denis站下,皆步行約1~2分鐘。

這兩座城門都是為了慶祝路易十四的勝利戰役而建,也因此城門上盡是歌頌國王英勇事蹟的雕刻,它們在當時曾是巴黎市區和郊區的分界,目前僅具裝飾功能。

聖丹尼斯門由巴黎市民出資,興建於1671~1674年間,由建築師Nicolas François Blondel設計,靈感來自羅馬的提圖斯凱旋門(Arch of Titus)。於1674年落成的聖馬丁門,則是為了紀念擊敗荷蘭、德國和西班牙戰役而建。

MAP P.153 B2,C1

聖馬丁運河
Canal Saint-Martin

如何前往

搭地鐵2、5、7B號線於Jaurès站下,出站即達。

info

Canauxrama遊船公司

🏠13 Quai de la Loire 75019 Paris

☎01 42 39 15 00

🕐14:30出發(部分日期加開其他班次),船程約
2.5小時;出發地點各時段不同,可上網查詢。

💰全票€23、優待票€13,4歲以下免費。

🌐www.canauxrama.com

Paris Canal遊船公司

🏠19 Quai de la Loire 75019 Paris

☎01 42 40 96 97

🕐10:00、14:30、15:00出發,船程約2.5小時;
出發地點各時段不同,可上網查詢。

💰全票€23、優待票€15~20,3歲以下免費。

🌐www.Pariscanal.com

長4.5公里的聖馬丁運河建造於1825

年,是當年拿破崙建設巴黎城市水利系統
的計畫之一,共設有9個閘口,連接了塞
納河和運河。如今運河因為鋪路和都市
更新填滿了不少河道,也不再具備能提
供運輸的流量,反而成為了巴黎的熱門旅
遊路線之一。

此外,聖馬丁運河也是電影《艾蜜莉的
異想世界》中的主要拍攝場景之一,女主
角在此打水漂兒一幕令人印象深刻。

搭上遊船能沿途欣賞運河風光,成為這一區的觀光特色。

每當船接近水門時,閘口就會立即注水,調解水位落差以方便遊船通行,磅礴水流所形成的氣勢和聲響非常壯觀。

不論是觀光客或當地人,都會坐在運河邊感受悠閒舒適的氛圍。

美鎮給人的感覺有點像尚未觀光化的蒙馬特，蜿蜒的街道隨山丘爬行。

Rue Dénoyer短短的幾百公尺，幾乎沒有一處牆面留下空白。

就連路邊的花盆也貼滿馬賽克裝飾。

週末美鎮大道上有市集，是前往此區最合適的時機，但由於人口較複雜，不建議天黑後前往，也盡量不要攜帶貴重財物。

MAP P.153 C2

美鎮
Belleville

位於山丘上的美鎮公園(Parc de Belleville)，是另一處適合俯瞰巴黎市景的角落，視野比起聖心堂前的階梯廣場毫不遜色！

如何前往

搭地鐵2、11號線於Belleville站下，或搭地鐵2號於Couronnes站下，或搭地鐵11號線於Pyrénées站或Jourdain站下，皆出站即達。

在拉榭思神父墓園北邊、有一塊稱之為「美鎮」的區域，過去是聚集勞工階級的社區，到了20世紀初，這裡已然成為德國猶太人甚至後來許多北非移民的新家。今日位於山丘上的中國城，更讓它成為一處多元種族交融的區域。

主要道路美鎮大道(Boulevard de Belleville)上林立著異國餐廳和雜貨店。

這裡或許沒有聖心堂這類著名景點，不過卻有著彩繪塗鴉的街道、特色小店和藝廊增添它的藝術氣息。在美鎮迷宮般的街道中隨意穿梭，經常能發現驚喜。

探索巴黎市郊，新市鎮和拉德芳斯和文森森林。

外環
Autour le Périphérique

外環

全長約35公里的巴黎環城道路(Le Boulevard Périphérique de Paris，簡稱為Le Périphérique)，包圍著市中心的20個行政區，也將最重要的觀光景點圈圍於其中。不過就在這條全巴黎最繁忙的道路之外或周邊，也有不少值得探訪的重要景點，像是洋溢現代風情並以新凱旋門著稱的拉德芳斯區、密特朗大巴黎計畫中「21世紀都會公園」的葉維特公園、昔日法王獵場的文生森林、甚至全球重量級名牌LV也在2014年在布隆森林開了間藝術基金會…相信在拜訪完這些地方後，會對巴黎的面貌有更完整的認識。

—— 地鐵1號線　-- RER A

N

A

La Défense

新凱旋門
Grand Arche

La Défense
Grande Arche

Palais de la Défense

巴黎國際
貿易中心
CNIT

Framatome

拉德芳斯廣場
Pl. de la Défense

前庭廣場
Le Parvis

Europlaza

La Défense
Grande Arche

Centre Commercial
Les Quatre Temps

花冠廣場
Pl. des Corolles

Lorraine

四季廣場
Place des Saisons

Gare
Routiere

Credit
Lyonnais

Esplanade Gal de Gaulle

Esplanade
de la Défense

Square
Gallieni

塔契水池
Bassin Takis

Av. Jean Moulin

B

1

1

A

B

離開歷史悠久的市中心，
欣賞**新商業中心**的不同面貌。

> 整個拉德芳斯區的人造平台上，全是行人徒步區，沿途裝飾了不少藝術品，如米羅的大型雕塑，一直延伸到塞納河畔。

外環：拉德芳斯

MAP P.167

拉德芳斯
La Défense

　　1950年開始進行開發的拉德芳斯是巴黎的新都心，經過精密的設計，區內的建築物及方舟建築的位置必須依據中軸線整出中間的空地，使視線不受任何建築物的干擾，所有地鐵、郊區快線、鐵路等交通則重整於環城公路或隱藏於建築物之下。當時這個計畫方案是全球最大的城市建造工程，對技術是一大考驗。其中最有名的便是新凱旋門(Grande Arche)。

除了商辦大樓，這裡還有大型購物中心。

拉德芳斯延伸了法王路易十四的歷史軸線：卡胡塞爾凱旋門-凱旋門-新凱旋門。

造訪拉德芳斯理由

1 巴黎的新商業中心

2 致敬經典的新凱旋門

3 裝置藝術和公共空間的完美融合

**怎麼玩
拉德芳斯才聰明？**

提前一站下車

因為新凱旋門實在太大，如果沒有廣角鏡頭建議在前一站**Esplanade de la Défense**下車，慢慢走過去，才拍的到完整的新凱旋門。

裝置藝術

整個拉德芳斯有許多大型裝置藝術可以欣賞，除顯眼的鋼構紅蜘蛛，也曾設置過2.5倍大的長椅與旋轉木馬等。
🌐 **parisladefense.com/fr/decouvrir/oeuvres-art**

Did YOU KnoW
拉德芳斯的由來

《保衛巴黎》「La Défense de Paris」這尊雕像立在拉德芳斯的廣場上，是在紀念普法戰爭中犧牲的巴黎市民。當時普魯士軍隊包圍巴黎，戰況激烈，連許多巴黎市民都參與了守城。這也是拉德芳斯名字的由來。

至少預留時間
只參觀拉德芳斯：1小時
玩遍外環：3~5小時

搭地鐵1號線或RER A線於La Défense-Grande Arche站下，出站即達。

必看重點

技術和設計的創新，致敬經典地標凱旋門。

「雲」似乎流動著卻又靜止著，和背後的藍天白雲融為一體。

◉ 巴黎國際貿易中心CNIT

拉德芳斯是高級商業辦公區，無數大公司的總部皆設於此。新凱旋門左前方是巴黎國際貿易中心，其引人之處在於在於長達238米的白色水泥拱頂。此外CNIT其實是個複合式的園區，除了商用辦公室，這裡還有購物中心和餐廳，非常熱鬧

🚇搭地鐵1號線或RER A線於La Défense Grande Arche站下，出站即達。

◉ 新凱旋門Grande Arche

新凱旋門的設計走極簡風格，設計師假想新凱旋門是一塊永恆的巨石，周圍環繞著轉瞬即逝的東西，依據這個概念發展出「雲」的造型。「雲」以纖維、鋼、和玻璃作為結構，懸掛在新凱旋門的低處。

新凱旋門並不全然是個裝飾品，兩側分屬公家機關及辦公大樓，頂部原設有瞭望台與餐廳，因營運因素於2023年起永久關閉。完工後的新凱旋門，成為巴黎新商業區拉德芳斯的地標，不過由於部分施工問題，新凱旋門面對的不是正北，而是北偏有6.5度。

🚇搭地鐵1號線或RER A線於La Défense Grande Arche站下，步行約1~2分鐘。
📍1 Parvis de la Défense Paris

外觀刻意在「門」和「窗」的視覺定義上，做了模糊的處理。彷彿建築本身既是門又是窗。

◉ 塔契水池Bassin Takis

沿著新凱旋門前的大道往下走，地勢也越來越低，沿途均是不同藝術家創作的雕塑品，最靠近下一個地鐵站的作品是由希臘藝術家塔契(Takis)設計的交通號誌燈，又長又細的號誌燈人物或雕塑，豎立在水池上，不時閃燈像是做表情，又從水面反射出另一種風貌，十分趣味。

🚇搭地鐵1號線或RER A線於La Défense Grande Arche站下，步行約10分鐘。

外環：拉德芳斯

DidYOUKnoW

由雪梨歌劇院的建築設計師操刀

新凱旋門一開始由丹麥籍設計師史派克森(Johann-Otto von Spreckelsen)負責建造，但因身體狀況不佳而半途解約，甚至還沒機會看到它完工就過世了。之後的工程由歐文·蓋瑞普顧問公司接手，並由彼得·萊斯(Peter Rice)協助設計，萊斯最著名的作品便是雪梨歌劇院，而新凱旋門則是他過世前的最後作品之一。

逛不玩的市集，巴黎郊區血拼去！

MAP P.27 F3 文森森林 Bois de Vincennes

如何前往

搭地鐵1號線於Château-de-Vincennes站下，或搭地鐵8號線於Porte Dorée站下，或搭RER A線於Vincennes站下，皆步行約1~5分鐘。

info

◎文生城堡

☎01 48 08 31 20

●5月21日~9月21日10:00~18:00，9月22日~5月20日10:00~17:00。

㊡1/1、5/1、11/1、11/11、12/25。 ⓢ全票€13、半票€11.5，18歲以下免費。

🌐www.chateau-de-vincennes.fr

◎巴黎花卉公園

●9:30~17:00(或20:00)，時間依季節而略有異動。

ⓢ10~3月免費，4~9月全票€2.5、優待票€1.5

位於巴黎市區東南方的文生森林，面積廣達2,458英畝，過去是法王的狩獵場，法國大革命後變身為軍事演習場，到了1860年時，拿破崙三世才將它改建成一座花園。現在文生森林分成好幾區，最有名的就是位於北邊的文生城堡(Château de Vincennes)，它曾是多位法王鍾愛的行宮。

在森林東南方則有賽馬場和賽車場，遊客則可就地租輛單車，沿著森林周邊慢慢悠行。至於森林的東邊和西邊分別有熱帶植物園和動物園。

Did YOU KnoW

文森城堡曾經作為十字軍東征的起點

文森城堡原來只是狩獵屋，後來歷經腓力二世和路易九世擴建為小城堡，而且被稱為「聖路易」的路易九世還從這裡出發進行十字軍東征，但沒想到就此一去不返。

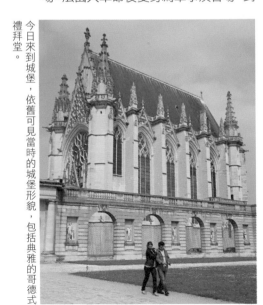

今日來到城堡，依舊可見當時的城堡形貌，包括典雅的哥德式禮拜堂。

位於文生城堡南邊的巴黎花卉公園(Parc Floral de Paris)，公園花開燦爛、綠意盎然，內部還有假山、湖泊、噴泉等造景，景色相當宜人。

葉維特公園
Parc de la Villette

如何前往

搭地鐵5號線於Porte de Pantin站下,或搭地鐵7號線於Porte de la Villette站下,皆出站即達。

info

🏠211 Avenue Jean Jaurès 75019 Paris

📞01 40 03 75 75　⏰6:00~1:00　💲免費

lavillette.com

◎音樂城Cité de la Musique

📞01 44 84 44 84

⏰博物館平日12:00~18:00(週末10:00起) 休週一、1/1、5/1、12/5。

💲博物館全票€10、優待票€8,26歲以下免費;表演視內容而異。🌐www.citedelamusique.fr

◎科學城Cité des Sciences et l'Industrie

📞01 40 05 80 00

⏰9:30~18:00(週日至19:00)

休週一、1/1、5/1、12/25。 💲全票€13、優待票€3.5~10 🌐www.cite-sciences.fr

這個昔日遍布酒館、屠宰場的區域是大量移民人口聚集地,不但治安不佳也影響市容,因此在1980年代的「總統工程」計畫中是重點改造項目,改造後脫胎換骨成為最有活力的文化教育重鎮,也是巴黎綠地面積最大的公園之一。園區主要分成公園、音樂城和科學城三個部分。

音樂城弧形的屋頂、方型的對外開孔,頗有柯比意(Le Corbusier)設計的弘香教堂(Ronchamp)的影子。

右邊則是音樂城的演奏廳,巴黎國家高等音樂舞蹈學院就位在音樂城中,另有樂器博物館、演唱會場、大型會議廳等。

採光由兩個17公尺的大圓頂構成,是一個寓教於樂的科普知識殿堂。

看似從水中浮出的閃亮大圓球即是晶球電影院(Géode)。擁有一個直徑長36公尺的圓形螢幕。

科學城是一個象徵未來世界的巨大平行六面體。

外環::拉德芳斯

河谷Outlet購物村
La Vallée Village Outlet
MAP P.175

如何前往

La Vallée Village Outlet提供每日兩班往來巴黎市中心貝西鉑爾曼酒店(**Pullman Paris Centre Bercy**)和購物村之間的專車，來回全票€25、優待票€20，需在出發前一天17:00前先上網預約。或搭RER A線(往Marne-la-Vallée-Chessy- Parcs Disney方向)於Val d'Europe站下(如從Nation站上車，車程約30分鐘)，下車後循Centre Commercial Val d'Europe指標出站，出站後往右手邊方向走，步行穿過Centre Commercial du Val d'Europe即達，步行約10分鐘，或搭乘RER站與購物村之間的穿梭巴士。

info

🏠 3 Cours de la Garonne 77700 Serris

☎ 01 60 42 35 00　⏱ 10:00~20:00

🚫 5/1、12/25

🌐 www.thebicestercollection.com

這座購物村就位於巴黎近郊，集合了110個世界知名品牌，除Armani、Gucci、Burberry、Givenchy、Ferragamo、Tod's、Prada等精品外，還有Calvin Klein、Diesel、Furla、Kenzo、Sandro、Maje、Timberland等平價品牌。雖然是Outlet，但過季商品並不多，所以價格約在一般專櫃的8~9折，不過同日同店購物達€100以上，同樣可享退稅，此外如果遇上巴黎12~1和6~7月的折扣季，一樣會大打折，此時的價格就很讓人心動了。

購物村的面積廣大、空間寬敞，逛起來很舒適。

外環：拉德芳斯

旺福跳蚤市場
Marche aux Puces Vanves
MAP P.26 C3

如何前往

搭地鐵13號線於Porte de Vanves站下，步行約3~5分鐘。

info

🏠 Avenue Georges Lafenestre et avenue Marc Sangnier 75014 Paris

⏱ 週六~週日7:00~14:00　🚫 週一~週五

🌐 pucesdevanves.com

相較位於市區北部的聖圖安跳蚤市場，南部的這個旺福跳蚤市場規模較小，但相對人就少一點，治安也好些。

這個市場賣鍋碗瓢盆是最多的，有價格€5起跳的銅鍋，也有聖圖安市集看不到的二手鑄鐵鍋攤位，其他像是玩具、相機、裝飾品、服飾、家具…也不少，相似

的東西價差很大，所以貨比三家和講價是必要的。這裡大概中午左右就會有人陸續收攤，因此建議早點前往。

一個個攤位就位於約1.5公里的人行道兩側，沿著街頭一路逛下去動線很清楚，不怕漏看了什麼寶貝。

聖圖安跳蚤市場
Les Puces de Saint-Ouen

MAP P.27 D1

如何前往

搭地鐵4號線於**Porte de Clignancourt**站下，步行約5分鐘。

🚇**Porte de Clignancourt 93400 Saint-Ouen** ☎01 55 87 67 50 🕐週五8:00~12:00、週末10:00~18:00、週一11:00~17:00

🚫週二~週五

🌐www.pucesdeparissaintouen.com

聖圖安跳蚤市場是巴黎最大的跳蚤市場，大到如果不花個半天的時間，絕對逛不完。

從Porte de Clignancour地鐵站出來往北走，一路上可以看到不少賣著不確定真偽的名牌包包或休閒服飾的攤販，千萬別以為這就是目的地了，真正的聖圖安跳蚤市場是由14個小市集組成的，它們彼此未必相連，而是散落在Ave. Michaelet、Rue des Rosiers、Rue Paul Bert、Rue Jules Vallès、Rue Lécuyer之間，因此建議先在路口看好位置圖，規畫好路線，才不會一直在同一區打轉。

Vernaison成立於1920年，是聖圖安最早出現的市集，占地達2,700多坪集結了300多攤，一間小屋挨著一間開著，很像是個小村落。

Dauphine &Malasis看得到一些17~18世紀的家具、19~20世紀的藝術品，還有二手書籍。

Vernaison這一區販賣各種二手商品，從餐具、瓷器、玻璃器皿、玩具、相機、服飾、家具…各種骨董都找得到。

Paul Bert Serpette和Vernaison相仿，有不少小件的二手商品可以挑選。

外環：拉德芳斯

174

同場加映

離開巴黎
周邊的小旅行

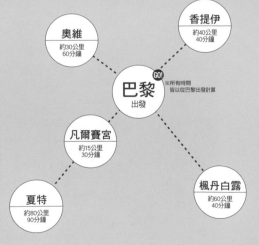

大巴黎地區在法國上千年的歷史中一直是政治、經濟和文化的中心。皇室和貴族為了遠離市區的喧囂，在巴黎的郊區留下了許多美麗的建築，像是凡爾賽宮和楓丹白露宮都是很熱門的景點，奧維、香提伊和夏特都是環境幽美的小鎮，是不喜歡人潮的好選擇。這些地方本來就離巴黎不遠，加上方便的鐵路網絡，從巴黎出發都在1小時左右的車程內，非常適合安排當天來回的行程。

大巴黎地區

Lille
Amiens

往聖米歇爾山
Mont Saint Michel　Dieppe
●吉維尼Giverny
N14
●維儂Vernon
塞納河 La Seine
Rouen
A13
拉德芳斯
La Défense
A15

香提伊森林
Forêt de Chantilly
香提伊城堡
Château de Chantilly
奧維
●Auvers-sur-Oise
N16

Reims

巴黎
Paris
A4

凡爾賽宮
Château de Versailles
Dreux

河谷Outlet購物村
La Vallée Village Outlet

文生森林
Bois de Vincennes

A5

●夏特Chartres
Le Mans　Orléans

巴比松
Barbizon

楓丹白露城堡
Château de
Fontainebleau

N

楓丹白露森林
Forêt de
Fontainebleau

A10

香提伊
約40公里
40分鐘

奧維
約30公里
60分鐘

巴黎
出發
GO!
※所有時間
皆以從巴黎出發計算

凡爾賽宮
約15公里
30分鐘

夏特
約80公里
90分鐘

楓丹白露
約60公里
40分鐘

同場加映：離開巴黎周邊的小旅行

去一趟車程才30分鐘，
一日遊時間剛剛好

路易十四開啟了這種宮廷的大排場與崇尚君主權力的生活。

\推薦/

距離巴黎

位於巴黎西南方，距離約15公里。

車程

約30分鐘

同場加映：離開巴黎周邊的小旅行

凡爾賽宮
Château de Versailles

MAP P.175

如何前往

◎RER

搭RER C線於終點站Versailles-Rive Gauche站下，車程約30分鐘，下車後步行約5~10分鐘。

◎火車

從巴黎蒙帕納斯火車站(Gare Montparnass)搭火車於Versailles Chantiers站下，車程約20分鐘，班次頻繁，下車後步行約15~20分鐘可達；或從巴黎聖拉薩火車站(Gare Saint Lazare)搭火車於Versailles Rive-Droite站下，車程約30分鐘，班次頻繁，下車後步行約10~15分鐘可達。

◎地鐵＋巴士

搭地鐵9號於Pont de Sèvres站下，轉搭巴士171號於Château de Versailles站下，車程約40分鐘，下車即達。

info

◎城堡

⊕Place d'Armes 78000 Versailles

☎01 30 83 78 00

◷11~3月週二~週日9:00~17:30(售票至16:50)，4~10月週二~週日9:00~18:30(售票至17:45)。

休週一，1/1、12/25

⊜全票€21，優待票€13，與特里亞農宮和瑪麗安東奈特宮通行證(Passport)全票€24、參觀噴

在這裡，看到的不僅是一座18世紀的宮殿藝術傑作，同時也看到了法國歷史的軌跡。

泉秀或音樂花園€32，18歲以下免費。

🔗www.chateauversailles.fr

◎花園

⏰花園11~3月8:00~18:00、4~10月8:00~20:30；噴泉秀與音樂花園時間詳見官網。

💰免費；4~10月週末以及5月初~6月下旬每週二噴泉秀全票€10.5、優待票€9；音樂花園全票€10、優待票€9。

◎特里亞農宮和瑪麗安東奈特宮

🚶從凡爾賽宮步行約20~30分鐘；或搭小火車前往，車資來回全票€9、優待票€7、單程票€5，12歲以下免費。

⏰11~3月週二～週日12:00~17:30(售票至16:50)，4~10月週二～週日12:00~18:30(售票至17:50)

🚫週一、1/1、12/25

💰全票€12、優待票€8。

◎凡爾賽宮遊客服務中心

🏠Place Lyautey 78000 Versailles

☎01 39 24 88 88

⏰9:30~17:00

🚫週一

🔗www.versailles-tourisme.com

這是法國有史以來最壯觀的宮殿，早在路易十三(Louis XIII, 1601~1643)時期還只是座擁有花園的狩獵小屋，直到路易十四(Louis XIV,1638~1715)繼位，他有意將政治中心移轉至此，遂展開擴建計畫，耗費50年才打造完工，其規模包括宮殿(Le Château)、花園(Jardins de Versailles)、特里亞農宮(Trianon Palaces)、瑪麗安東奈特宮(Marie-Antoinette's Estate)和大馬廄(La Grande Ecurie)等，建築面積比原來增加了5倍。

法國大革命期間路易十六被送上斷頭台，凡爾賽宮人去樓空，直到路易菲利浦(Louis-Philippe,1773~1850)與各黨派協商之後1837年將凡爾賽宮改為歷史博物館。2024年巴黎奧運更選定凡爾賽宮為馬術與現代五項的比賽地點。

這裡也有販賣輕食的商店和餐廳，或是自己攜帶三明治或麵包，在運河區的草坪上愉快用餐。

天氣晴朗的日子裡，欣賞噴泉表演，此時宮廷音樂在耳邊響起時，真的有置身在17世紀的感覺！

凡爾賽花園

大水渠　大衆安農宮　古亭　法式園樓　農場　阿波羅池　大湖　皇后之家　瑪麗安東奈特宮　國王的林園　柱廊　園頂林園　冬池　皇家大道　方尖碑林園　花籃林園　秋池　星形林園　皇后的林園　舞廳　拉朵娜池　阿波羅池林園　瑞士湖　澄園　南花壇　水壇　北花壇　水徑　龍池　凡爾賽城堡　海神池

① **凡爾賽花園**
Jardin de Versailles

花園是拜訪凡爾賽宮的重點之一，這裡包含了噴泉、池塘、林道、花床、運河等，其中光是噴泉就有32個，要慢慢欣賞這偌大的花園得花上至少半天的時間。
正殿的花園僅能徒步，所以穿著輕便的鞋子是必要的，視個人時間許可選擇最壯觀的幾座噴泉參觀即可。

運河區可以從事多種活動，像是租船遊運河或是租腳踏車在附近的林區遊玩。

大運河 Grand Canal

大運河建於1668年至1671年之間,長度為1500公尺,寬度為62尺,做為舉行水上慶典或活動的場地,平時也供貴族們划船享樂。此外大運河地勢較低,整個凡爾賽花園內的排水都會導至大運河。

現在的大運河有提供貢多拉出租,可以划著小船體驗當時貴族的閒情逸致。

水壇 Le Parterre d'Eau

凡爾賽宮正殿前方的兩座水壇,歷經多次修改後於1685年定形,每座池塘設有四尊象徵法國主要河流的臥式雕像。水壇的整體結構還包含了「猛獸之戰」兩個噴泉,它們位於通往拉朵娜噴泉大台階的兩側。

拉朵娜池 Le Bassin de Latone

拉朵娜池的靈感來自奧維德名作《變形》,展現阿波羅和狄黛娜之母的神話傳說。拉朵娜池最初是拉朵娜與她的孩子雕像站在岩石上,四周是6隻半身露出水面的青蛙,另外24隻青蛙則分布於拉朵娜池外的草坪上。但是在1689年時這裡做了些許的修改,建築師用同心大理石底座取代了岩石,拉朵娜及其子女置於最高層;前方的兩個雷札爾德池形成的花壇是拉朵娜池的延伸體。

阿波羅池 Le Bassin d'Apollon

自1636年的路易十三時期起，這裡就有一個名為天鵝池的池子。路易十四將它加寬並配上豪華的鍍金鉛製雕像組，至於池中駕馭馬車的阿波羅，是蒂比根據勒布倫的繪畫雕製而成。阿波羅池的前方是大水渠，其建造時間長達11年之久，這裡曾經舉辦過多場水上活動。雕像自2022年末進行修復工程，預計2024奧運前完工。

海神池
Le Bassin de Neptune

海神池興建於1679~1681年間，也稱為「龍腳下」的池塘或「冷杉池」。1740年時，海神池右臂加上了裝飾雕塑，這3組雕像分別為出自亞當的《海神和昂菲特利埃》、布夏東的《普柔迪》和勒穆瓦納的《海洋之帝》。這裡有99種噴泉，當噴泉在瞬間起舞時，其氣勢十分磅礴、壯觀。

舞廳 Le Bosquet de la Salle de Bal

這個勒諾爾特興建於1680~1683年之間的舞廳也稱為洛可可式庭園，其假山砂石和貝殼裝飾全由非洲馬達加斯加運來。涓涓的流水順著階梯流下，昔日音樂家在瀑布上方表演，觀眾就坐在對面的草坪階梯欣賞。

柱廊 La Colonnade

柱廊自1658年便開始修建，取代了1679年的泉之林。列柱廊的直徑為32公尺，64根大理石立柱雙雙成對，支撐著拱廊和白色大理石的上楣，上楣的上方則有32只花瓶，拱廊之間三角楣上的浮雕代表著玩耍的兒童，弓形拱石上雕飾著美女和水神人頭像。

圓頂林園 Le Bassin d'Encelade

圓頂林園自1675年來歷經了幾次的修改，因此不同的裝飾皆有不同的名稱。在1677年到1678年時，由於池塘中心安置著吹號噴泉的信息女神雕像，當時稱為信息女神林園；到了1684~1704年時，一組阿波羅洗浴的雕像又使它成為阿波羅浴園。現今圓頂林園的名稱是始自1677年擺放了兩個白色大理石圓頂的亭子，雖然這些建築物已在1820年時被摧毀。

② 特里亞農宮和瑪麗安東奈特宮
Trianon Palaces & Marie-Antoinette's Estate

特里亞農宮過去是宮廷舉辦音樂會、慶典節日或品嘗糕點的場所，同時也是路易十四與宮廷夫人約會的私人宮殿。原稱小特里亞農宮的瑪麗安東奈特宮則建於1762~1768年間，是供路易十五和德·蓬帕杜夫人使用的行宮。在1768年增建了植物園、動物園和法式閣樓。後來成為路易十六皇后瑪麗·安東奈特的行宮，她生前最喜歡這裡，在此也留下不少文物。

從凡爾賽的正殿步行到特里亞農宮和瑪麗安東奈特宮需20多分鐘，碰上天氣晴朗的日子裡，漫步在偌大的公園林區中，是段愉快的路程。

同場加映：離開巴黎周邊的小旅行

Highlights：在凡爾賽，你可以去～

特里亞農宮Trianon Palaces

特里亞農宮建於1670年，是由路易十四指派建築師勒沃在特里亞農村莊上建一座「陶瓷特里亞農宮」，其牆壁上全鋪著藍白色的彩釉瓷磚，不過在1687年時被摧毀，第二年由朱爾另建一座取代，即是今日所見的特里亞農宮。這裡是宮廷舉辦節慶、音樂會的場所，也是路易十四與夫人約會的秘密花園。

雖然不及正殿的華麗，但宮內有皇帝、皇后的臥室鏡廳、貴人廳、孔雀石廳、高戴樂廊、花園廳、列柱廊、禮拜堂等房間。

外圍有個很大的花園，種植了各式各樣的花草。

最令人稱讚的是面對花園的列柱廊，這是由建築師羅貝爾·德·科特的設計，此外這裡是供人享受點心和甜點的地方。

瑪麗安東奈特宮Marie-Antoinette's Estate

1774年路易十六在執政的第一年把瑪麗安東奈特宮送給了他的皇后瑪麗·安東奈特(Marie Antoinette)，並想藉此遠離宮廷享有寧靜的生活。瑪麗安東奈特宮因此成了瑪麗·安東奈特的最愛。在她居住的期間，將部分的花園改建成英式花園並增建了一個農莊，這個僅有12間房間的農舍，其外觀和平民百姓住所無異，與內部精美的裝飾形成強烈的對比。由於她很喜歡演戲，因此1778年，又增建了一座劇院。瑪麗安東奈特宮包括有大、小型餐廳、聚會沙龍、接待室等10個區域。

瑪麗安東奈特宮是以路易十六的皇后瑪麗·安東奈特(Marie Antoinette)命名。

③ 凡爾賽城堡
Château de Versailles
城堡是凡爾賽宮的參觀重點，前方大廣場經常大排長
龍，來自各地的遊客等著參觀這座法國最有名的皇宮。
延伸於石頭廣場後方的宏偉建築即是城堡，由下往上觀
望，讓人更增添幾分崇敬，至於裝飾於大門的路易十四
太陽神標誌，則象徵他的偉大功績。

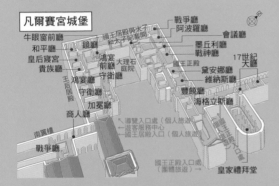

凡爾賽宮城堡

牛眼窗前廳　戰爭廳
和平廳　阿波羅廳
皇后寢宮　會議廳
貴族廳　鏡廳
　國王居殿與太子　墨丘利廳
　太子妃套房　戰神廳
鴻宴前廳　大理石　國王正殿　17世紀天廳
守衛廳　庭院　黛安娜廳
　守衛廳　維納斯廳
王后居殿　豐饒廳
加冕廳　海格立斯廳
商人廳
南翼樓　導覽入口處（個人旅遊）
　遊客服務中心
戰爭廳　國王居殿入口（個人旅遊）
　國王正殿入口處
　（團體旅遊）　皇家禮拜堂

皇家禮拜堂La Chapelle Royale
皇家禮拜堂在路易十四去世前5年、落成於1710年，是
凡爾賽宮中的第5座禮拜堂，也是唯一以獨立結構方式
興建的禮拜堂。上層為國王和皇室專用，下層歸公眾和
官員使用。彌撒是宮廷日常生活中的一個重要環節，在
1710~1789年之間，禮拜堂還舉辦了一些皇家子女的洗禮
和婚禮。

同場加映：離開巴黎周邊的小旅行

Highlights：在凡爾賽，你可以去～

國王正殿
Le Grands Appartement du Roi

國王正殿是國王處理朝廷大事與政績的地方，同時也是國王召見大臣的場所，特別是每週一、三、四舉辦正殿晚會的地點。這裡有和平、維納斯、阿波羅等共9座廳房，其精緻的壁畫與華麗的擺飾十分氣派。

天花板上的巨幅壁畫《海格力斯升天圖》(L'Apothéose d'Hercule) 為法國知名畫家François Le Moyne完成於1733年的作品。

◎海格力斯廳
Le Salon d'Hercule

這間獻給希臘神話中英雄人物海格力斯神的廳堂，位於2樓東北角，為連接國王正殿中路和皇家禮拜堂的大廳，其實在皇家禮拜堂尚未建成時，這裡就做為禮拜堂之用，到了1710年禮拜堂峻工後，才成為國王接待賓客官員的場所。

以大量的大理石和精美的銅雕為裝飾，是海格力斯廳的特色。

這幅畫中共有142位神話人物，戰無不勝的海格力斯位居中央，英勇地站在戰車上，此畫象徵路易十四的功績足以與海格力斯媲美。

◎豐饒廳 Salon de l'Abondance

打開海格力斯廳西面的一扇大門，就來到富饒廳，它主要用來陳列路易十四的珍貴收藏，包括許多徽章及藝術品，當時已有部份藏品放置於櫃子中。目前這些珍藏已移至羅浮宮展覽，只留下幾只現在看來仍舊精緻的漂亮櫃子。豐饒廳兩側，還有如路易十五等國王和皇室成員的肖像。

◎維納斯廳
Le Salon de Vénus

又稱為金星廳的維納斯廳，在過去是皇家享用點心的廳房。壯觀的大理石柱和富華堂皇的裝飾，立刻讓人感受它的非凡氣勢。特別是位於西側牆面上那幅虛構遠景圖，栩栩如生的廊柱和宮殿，讓整個廳房產生更深更長的錯覺，此畫出自法國藝術大師Jacques Rousseau之手，大廳內的希臘神話人物雕像Méléagre和Atalante，也是他的作品。

天花板上是法國畫家René-Antoine Houasse 所畫的《施展神力的維納斯使帝國強盛》，圖中是3位女神正在為維納斯戴上花冠，周圍環繞著希臘眾神。

◎黛安娜廳
Le Salon de Diane

亦稱月神廳，在路易十四時期，當正殿舉行晚會時，這裡就會改成台球室，路易十四在中央的台球桌上大展身手，后妃臣子就圍在旁邊觀賞助興。天花版上的壁畫《主宰狩獵和航海的黛安娜之神》是出自Gabriel Blanchard之手，面對窗戶的是路易十四27歲時的半身塑像。

◎戰神廳 Le Salon de Mars

原是守衛房間的它又稱火星廳，到了1684年之後，才改為正殿舉辦晚會時的音樂廳，廳內鍍金的浮雕壁畫、華麗的水晶燭燈…將戰神廳裝飾得金碧輝煌，站在這裡，也不難想像當時路易十四與眾臣同樂的情景。

這裡的壁畫和戰神廳的名稱相呼應，天花板中央是Claude Audran所繪的《戰神在由狼駕馭的戰車上》(Mars Sur un Char Tiré par des Loups)。

大廳的側牆是路易十五的畫像。

同場加映：離開巴黎周邊的小旅行

◎墨丘利廳
Le Salon de Mercure

亦稱水星廳，過去因曾用來展示國王華麗高貴的大床，又稱為御床廳。大廳天花板的壁畫出自Jean-Baptiste de Champaigne之手，描繪《坐在雙公雞拉著的戰車上的墨丘利》（Mercure Sur Son Char Tiré par Deux Coqs），廳內同樣高掛著路易十五和夫人的肖像。1715年路易十四過世時，其遺體便是停放在墨丘利廳。

廳內兩幅身著皇袍的人物肖像，則分別為路易十四和路易十六。

床旁的公雞座鐘是1706年由設計師Antoine Morand親手製作贈予路易十四，特色是每逢整點公雞便會唱歌報時，路易十四的小雕像則會從宮殿中走出，在當時這是一件讓人嘖嘖稱奇的寶物。

這張大床在法國大革命時被送進熔爐做為償債之用，現在墨利丘廳中的床，是路易‧菲利浦時期重新放置的。

◎阿波羅廳
Le Salon d' Apollo

這個國王的御座廳又稱為太陽神廳，是國王平時召見內臣或外賓的地方，所以不論排場或裝潢，都顯得特別尊貴奢華。只是這班昔日場景已不復見，紅色波斯地毯高台上的國王寶座，是後來放置的替代品。
大廳天花板的壁畫出自Lafosse之手，以圓形鍍金浮雕環繞的油畫中，清楚看到阿波羅坐在由飛馬駕馭的座車上，四周眾神簇擁環伺。

一側是以17扇窗組成的玻璃落地窗牆，由於面向凡爾賽花園，可將戶外風光盡收眼底。

◎戰爭廳 Le Salon de la Guerre

這間由大理石、鍍金浮雕和油畫裝飾而成的廳房，從1679年由Jules Hardouin Mansart開始打造，主要獻給羅馬女戰神Bellona，稱之戰爭廳。
牆上有幅橢圓形的路易十四騎馬戰敵浮雕像，出自路易十四御用雕刻家Coysevox Antoine之手，天花板上是勒布朗的作品，描繪法國軍隊征戰勝利、凱旋而歸。由此可通往鏡廳。

◎鏡廳
La Galerie des Glaces

國王正殿中最令人驚豔的莫過於鏡廳，鏡廳是連接國王正殿、國王居殿和王后居殿的一個廳堂，其長76公尺、高13公尺、寬10.5公尺，是路易十四時代舉辦舞會、大型慶典或接見重要外賓的主要場合，之後也有多項重要會議在此舉行，像是1919年結束第一次大戰的凡爾賽條約，也是在此簽訂。

另一面則是由17面400多塊鏡子組成的鏡牆，反射著鏡廳內精緻的鍍金雕像、水晶燈和壁畫，讓這裡永遠閃耀著華麗風采。

同場加映：離開巴黎周邊的小旅行

同場加映：離開巴黎周邊的小旅行

王后居殿 Le Grand Appartement de la Reine

王后居殿與國王正殿形成相對的結構，18世紀時屢次修改其裝飾。與國王相反，王后只在王后寢宮中支配所有的事情，白天她可在此接見朋友，夜晚這裡則是她與國王共度良宵的地方，此外這裡也是末代皇后瑪麗‧安東奈特(Marie Antoinette,1755~1793) 在凡爾賽宮度過最後一夜之處。除了皇后寢宮(La Chambre de la Reine)之外，這裡還有貴族廳(Le Salon des Nobles)、鴻宴廳(L' Antichambre du Grand Couvert)、加冕廳等。

其中加冕廳是因1804年時拿破崙一世和約瑟芬的加冕圖而得名。

國王居殿與太子和太子妃套間 L'Appartement du Louis XIV et les Appartements du Dauphin et de la Dauphine

當皇室搬入凡爾賽宮後，這裡便成了路易十四的日常生活實際場所，國王居殿的設計理念是極盡表現路易十四的君主身份，因此無時無刻都得遵守各種禮儀。然而其後代則將此處轉變成私人的安樂窩，但是直到舊君主制度的末期，國王的居殿一直是權威的代表。在太子和太子妃的起居室中，許多國王的近親皆在此居住過，目前仍保持著18世紀的樣子，路易十四與路易十五之子皆在此居住過。

同場加映：離開巴黎周邊的小旅行

MAP
P.175

楓丹白露
Fontainebleau

如何前往

◎火車
從巴黎里昂火車站(Gare de Lyon)搭火車於Gare de Fontainebleau-Avon站下，車程約40分鐘，約每2小時1班。從Gare de Fontainebleau-Avon火車站前，轉搭巴士1號線於Château站下，車程約15分鐘，上車購票車資為€2.5(售票處€2.1)，下車即達。

info
Château de Fontainebleau 77300 Fontainebleau

＼ 推薦 ／

距離巴黎
位於巴黎東南方，
距離約60公里。

車程
約40分鐘

他這種結合文藝復興和法國傳統藝術的風格，在當時掀起一陣仿效浪潮，也就是所謂的「楓丹白露派」。

☎ 01 60 71 50 70

◐ 城堡週三～週一10~3月9:30~17:00、4~9月9:30~18:00(售票至關閉前45分鐘)；庭園與花園11~2月9:00~17:00、3、4和10月9:00~18:00，5~9月9:00~19:00(黛安娜花園和英式花園售票至閉園前30和60分鐘)。

去一趟車程才30分鐘，
一日遊時間剛剛好

重要的皇室文物或建築風格都在這裡留下痕跡，深具藝術遺產價值。

同場加映：離開巴黎周邊的小旅行

到了17世紀後，法國皇室搬移至凡爾賽宮居住，楓丹白露光采漸漸黯淡。

眾多國王中以法蘭斯瓦一世(François I)的修建計畫最具看頭，他保留了中世紀的古城，還增建了金門、舞會廳、長廊，並加入義大利式建築裝飾。

ⓧ 城堡週二，1/1、5/1、12/25。

Ⓢ 全票€14、優待票€12，9~6月第一個週日免費；庭園與花園免費。

🌐 www.chateaudefontainebleau.fr

◎ 楓丹白露遊客服務中心

⊙ 4 bis place de la République 77300 Fontainebleau

☎ 01 60 74 99 99

🕐 週一～週六10:00~18:00；週日和國定假日4~10月10:00~13:00、14:00~17:30，11~3月10:00~13:00。

🌐 www.fontainebleau-tourisme.com

位於巴黎東南方的楓丹白露(Fontainebleau)，名稱源自Fontaine Belle Eau，意謂著「美麗的泉水」。12世紀，法王路易六世(Louis VI,1081~1137)下令在此修建城堡和宮殿，做為避暑勝地，歷代的國王不是拿它來當作行宮、接待外賓，就是長期居住在此。

路易十四(Louis XIV,1638~1715)掌政後，每逢秋天都在楓丹白露進行狩獵活動，這項傳統一直延續到君主專制末期。到法國大革命時，城堡的家具遭到變賣，整座宮殿宛如死城。直到1803年，經由拿破崙的重新布置，楓丹白露才又重現昔日光彩。

Highlights：在楓丹白露，你可以去～

① 楓丹白露城堡1樓和花園Le Raz-de-Chaussée et Les Jardins du Château de Fontainebleau

楓丹白露的1樓主要分為四部分，一是拿破崙一世紀念館，二是小殿建築，三是分布大殿建築前後數個美麗的庭園，最後還有歐仁妮皇后的中國博物館。小殿建築和拿破崙一世紀念館必須參加導覽行程才能參觀。因此天氣好的時候，不妨以庭園和花園為參觀重點，或是進入中國博物館，看看這些曾屬於中國圓明園中的珍貴文物。

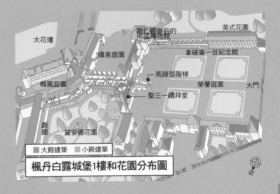

楓丹白露城堡1樓和花園分布圖

■大殿建築 ■小殿建築

拿破崙一世紀念館
Le Musée Napoléon ler
坐落於路易十五側翼宮內，成立於1986年，內部收藏著拿破崙及其家庭成員於1804～1815年帝國時代保留的收藏品，包括有畫作、雕塑、室內陳設及藝術品、住過的房間、用過的武器及裝飾品等。此外還有一些拿破崙第二任妻子──瑪莉‧露易絲（Marie Louise,1791～1847）、羅馬國王、皇帝的母親和兄弟姊妹們的肖像和使用過的物品。

各式各樣的收藏品反映了拿破崙皇帝及義大利國王的生活。

歐仁妮皇后的中國博物館
Le Musée Chinois de l'Impératrice
1863年時，在歐仁妮皇后(Eugénie de Montijo)的要求下，原本此處的4個大廳，改建成她的客廳和中國博物館，做為起居休憩和晚宴之用，值得一提的是這裡的博物館中，珍藏了大量1860年英法聯軍入侵中國圓明園時搶奪的中國文物，像是字畫、首飾、玉器、瓷器、金銀飾、景泰藍等，據說總數多達3萬件。

同場加映：離開巴黎周邊的小旅行

小殿建築包括了國王的客廳、書房和臥室，以及皇后的客廳和臥室等。

小殿建築Les Petits Apartments
位於楓丹白露宮的底層，小殿建築是1808年時拿破崙一世下令在舊有建築基礎上修建而成的寓所。由於在大殿建築內的一舉一動必須符合王宮制度要求，小殿建築的設計可以讓國王和皇后擁有比較不受拘束和規範的私人生活。

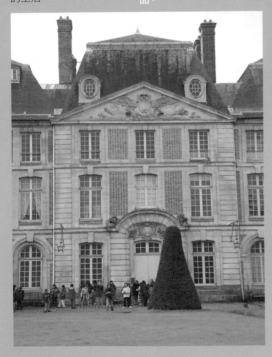

◎鹿廊
La Galerie des Cerfs
鹿廊長74公尺、寬7公尺，由路易‧布瓦松於1600年前後裝修。鹿廊的牆壁畫滿亨利四世時代的皇家建築與城堡，和圍繞在城堡周邊的森林景色。此外，在鹿廊看到的青銅像，全是以前用來點綴城堡外花園和庭園裡的裝飾品。

庭園與花園 Les Cours et Les Jardins

◎榮譽庭園 La Cour d'Honneur

從入口裝飾著拿破崙徽章、並稱為「榮譽之門」的大門進入後，首先映入眼簾的便是榮譽庭園。榮譽庭園原本稱之為白馬庭園(Le Cour du Cheval Blanc)，其名稱源自1626年在此放置的一座白馬雕塑，不過，在1814年拿破崙宣布退位，並在這裡與侍衛軍隊告別，這裡又有了「訣別庭園」(Cour des Adieux)的別稱。

廣場長152公尺、寬112公尺，從這裡可以一眼望盡楓丹白露前院的宮殿和主建築。

廣場中間有四塊矩型草坪，並種植紫杉、榴樹等植物，漫步其間，別有一種詩情畫意。

◎馬蹄型階梯 L'Escalier en Fer-à-Cheval

位於白馬庭園前方這座造型優美的馬蹄型階梯，是拿破崙宣布退位時，在此發表演講的地點。階梯興建於1634年，是亨利二世任命建築師Jean Androuet du Cerceau所建，不但做為宮殿的主要入口，階梯下的拱門還可供馬車經過，是件極具巧思的設計。不過原先的馬蹄型階梯已遭毀壞，現在看到的是由安德胡·杜賽索重建的結果。階梯曾於2019年進行三階段修復，於2022年完工時再現風華。

◎噴泉庭園
La Cour de la Fontaine

雖然稱為噴泉庭園，真正的主角卻是廣大的鯉魚池(L'Etang aux Carpes)，它從16世紀起就是城堡內舉辦水上活動的場所，中央的亭子則是休憩、觀賞表演和用膳之處。今日的鯉魚池水面澄澈如鏡，天鵝和雁鴨悠游其間，瀰漫清靜幽然之情。

同場加映：離開巴黎周邊的小旅行

190

◎大花壇
Le Grand Parterre

大花壇位於鯉魚池的東邊，是路易十四的御用建築師勒諾特(André le Nôtre)親自設計的法式庭園。過去曾是法蘭斯瓦一世的大花園，後來亨利四世讓水利工程師和園藝師重新布置了這個大花壇。今日的大花壇花綠草如茵、花開遍野，漫步其間悠哉愜意。

這裡同時可以觀賞建築東南側邊的舞會廳、聖薩蒂南小教堂，以及洋溢義大利風格的陽台。

◎同場加映：離開巴黎周邊的小旅行

◎橢圓庭園 La Cour Ovale
這座宮殿中歷史最悠久的建築，內有一座興建於12世紀的方形鐘塔，後者是法蘭斯瓦一世對楓丹白露進行整修改建時，少數保存下來的原始建築。前往這裡需由太子門(La Porte Dauphine)進入，1616年路易十三的加冕儀式便是由此展開，所以又稱加冕門(La Porte du Baptistère)。

◎黛安娜花園 Le Jardin de Diane
一座散布著花圃、噴泉和雕塑的花園，充滿著典雅的英式風情，花園名字出自於亨利四世時期，在此安置的一尊由巴代勒·米培厄於1684年製作完成的黛安娜塑像，不過現在看到的並非原版，而是1813年由雕刻家普里厄以青銅製作的複製品。

◎英式花園 Le Jardin Anglais
前身是法蘭斯瓦一世時期建造的松樹園，一度遭到荒廢，直至拿破崙一世時，又任命建築師M.-J. Hurtault，以英式花園的形式為它重新設計。

② 楓丹白露城堡2樓 Le Premier Etage du Château de Fontainebleau

楓丹白露城堡的2樓以聖三一禮拜堂、大殿建築和拿破崙一世內套房為主，三者都是楓丹白露的參觀重點，尤其是前兩者，漫步其間，細細品味周邊精緻的壁畫和文物，仍能感受到這個城堡曾經散發的華麗風采。

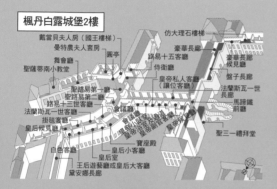

楓丹白露城堡2樓

戴當貝夫人房（國王樓梯）
曼特農夫人套房
圓亭
聖薩蒂南小教堂
舞會廳
侍衛廳
聖路易第一廳
皇帝私人客廳（讓位客廳）
聖路易第二廳
路易十三客廳
法蘭斯瓦一世廳
掛毯客廳
皇后候見廳
白色客廳
寶座殿
皇后小客廳
皇后室
王后遊藝廳或皇后大客廳
黛安娜長廊
仿大理石樓梯
豪華長廊
路易十五客廳
豪華長廊候見廳
盤子長廊
法蘭斯瓦一世長廊
馬蹄鐵前廳
聖三一禮拜堂

同場加映：離開巴黎周邊的小旅行

穹頂中央著名的聖經故事壁畫——《耶穌受難圖》。

每當舉辦彌撒時，國王和皇后就會端坐於看台上（除非是重大節慶才會下來）。

聖三一禮拜堂
La Chapelle de la Trinité

現在看到的聖三一禮拜堂是1550年由亨利二世設計和保留下來的，其前身是路易九世創建的聖三一救濟修道院。接下來的整修和裝飾工程則是在亨利四世和路易十三世時期完成。

這裡曾上演許多重大的皇室事件，像是1725年時路易十五的婚禮、1810年時為未來的拿破崙三世受洗禮，以及1837年時路易－菲利浦（Louis-Philippe,1773~1850)長子的婚禮，都是在這裡舉行。

拿破崙一世內套房
L'Appartement Intérieur de l'Empereur

◎皇帝小臥室
La Chambre de Napoléon

雖為皇帝的辦公室，但拿破崙也把它當成第二臥室，房間內鐵床頂飾帶有鍍金銅製的皇家標誌。根據拿破崙的秘書男爵凡的回憶錄中指出，拿破崙的日子多是在他的辦公室度過的，只有回在這裡他才覺得像是在自己家，一切都歸他使用。

◎皇帝私人客廳
Le Salon de l'Abdication

這裡所有陳設為1808~1809年間的布置，又稱為讓位廳，因為拿破崙在1814年4月16日時，就是在這裡宣布讓位。

大殿建築Les Grands Apartments

◎盤子長廊
La Galerie des Assiettes
長廊興建於西元1840年的路易－菲利浦時期，其天花板和牆上的21幅壁畫，是根據黛安娜長廊拱頂的石膏油畫重製而成，畫面描繪神話裡的眾神和獵人，由Ambroise Dubois和助手完成於1600~1605年間。

這裡最有看頭的是牆上128個楓丹白露歷史瓷盤，它們也是盤子長廊的名稱由來。

這些盤子鑲嵌於1839~1844年路易－菲利浦在位時期，主要描繪當時的歷史事件、楓丹白露及森林的景色，以及國王出國時的旅遊風光。

◎法蘭斯瓦一世長廊La Galerie François Ier
1494年法國占領義大利後，文藝復興的思想也間接傳入法國，這種風氣又以法蘭斯瓦一世在位時最為風行，他為了在楓丹白露打造一座文藝復興風格的長廊，特別請來了一位跟隨米開朗基羅畫派的義大利藝術家和梭(Il Rosso)，以及法國、義大利的雕塑家和畫家，共同完成內部的壁畫、仿大理石雕塑、細木護牆板等裝飾和設計。完成後法蘭斯瓦一世大喜，將它視為楓丹白露內重要的藝術傑作，經常邀請貴族名流前來參觀。

長廊長60公尺、寬和高各6公尺，下半部是以鍍金細木做成的護牆，上方的每個開間都混和裝飾著仿大理石雕塑和人文主義繪畫、葡萄裝飾圖案。

◎侍衛廳La Salle des Gardes
這裡是國王的侍衛掌控大臣進入大殿建築的地方，所謂的大殿建築是國王和皇后的主要生活空間，大臣只能進入到與他們身份相符的房間。這裡的家具是第二帝國時期的布置，原先為餐廳。

◎黛安娜長廊La Galerie de Diane
黛安娜長廊長80公尺、寬7公尺，於1600年由亨利四世所建，只是不久後長廊損毀，直到1858年才被拿破崙三世改建成圖書館，並存放拿破崙一世及歷代皇室的藏書、字畫、手稿和骨董。

同場加映：離開巴黎周邊的小旅行

Highlights：在楓丹白露，你可以去～

◎皇后室La Chambre de l' Impératrice
自16世紀末到1870年，幾乎所有的皇后都使用過這個房間，現今存留下來的擺設出自拿破崙妻子約瑟芬皇后(Joséphine de Beauharnais, 1763~1814)的設計，最後一位使用它的主人，則是拿破崙三世的妻子歐仁妮皇后。

御座取代了床位，但大部份的家具都是從18世紀路易十六時期就遺留下來的原件。

◎寶座殿La Salle du Trône
原是國王的寢宮，1808年時被拿破崙改設為寶座殿，並在週日舉行宣誓和引見儀式。整個殿所空間雖然不大，但不失金碧輝煌。
在這裡也可以看到幾個朝代的裝飾，像是17世紀中葉的天花板中部牆裙和帶三角楣的門，以及1752~1754年間新增的細木護牆板和維爾白克雕塑等。壁爐上方的法王路易十三肖像，是路易十三聘請首席畫家香拜涅(Philippe de Champaigne)繪製的作品。

舞會廳內有10扇大玻璃窗，北面是城堡最古老區的橢圓庭園，南面近大花壇。

下方護牆板的木條同樣漆以鍍金，上方和藻井的壁畫則以神話或狩獵題材為主。

舞會廳中的壯觀壁爐也是觀賞重點，兩個仿古森林神銅像於法國大革命時期被融化，1966年複製重現，國王的座位便設在壁爐前方。

◎舞會廳La Salle de Bal
舞會廳始建於法蘭斯瓦一世，長30公尺、寬10公尺，原設計成具有義大利式柱廊和搖籃形拱頂的大陽台，然而直到法蘭斯瓦一世辭世，舞會廳仍未完工，他的兒子亨利二世(Henry II ,1133~1189)接任後，改成具有平頂藻井的大廳，並以華麗的壁畫和油畫裝飾，舉辦過許多盛大的節慶活動。仔細觀賞，整體裝飾中大量採用國王名字起首字母和象徵國王的月牙徽標記所組成的圖案，常看到的還有字母C(凱瑟琳·梅迪奇Catherine de Médicis名字起首字母)和字母D(國王的情人黛安娜Diane de Poitiers名字起首字母)。

當天來回的行程

漫步在舊城區，處處可見16世紀保存下來的房舍、廣場與階梯，空氣中瀰漫著中古世紀的小鎮氣氛，讓人有穿越歷史時空的感覺。

夏特

- 聖尼古拉丘 Tertre Sanit-Nicolas
- 聖安德教堂 Église St-André
- 彩繪玻璃中心 Centre International du Vitrail
- 火車站
- 主教轄區花園 Jardin de l'Evêch
- 夏特大教堂 Cathédrale Notre Dame de Chartres
- 夏特美術館 Musée des Beaux-Arts de Chartres
- 舊城區 Vieille Ville
- 聖愛曼禮拜堂 Chapelle St-Eman
- 遊客服務中心
- 貝荷特皇后階梯 Escalier de la Reine Berthe
- 瑪索廣場 Pl. Marceau
- 安南教堂 Église St-Aignan
- 鮭魚之家 Maison du Saumon
- 天鵝廣場 La Place du Cygne
- 市政府 Hôtel de Ville
- 考古博物館 Maison de l'Archeologie
- 聖彼得教堂 Église St-Pierre
- 自然歷史博物館 Museum d'Histoire Naturelle
- 往皮卡榭特之屋 La Maison Picassiette

N

MAP P.175 夏特 Chartres

如何前往

◎火車

從巴黎蒙帕納斯火車站(Gare Montparnass)搭火車於Chartres站下，車程約70分鐘，每小時約1~2班。

info

◎夏特遊客服務中心Office de Tourisme de Chartres

⌂8 Rue de la Poissonnerie 28000 Chartres

☏02 37 18 26 26

●週一～週六10:00~13:00、14:00~18:00、週日10:00~17:00

⊕10~3月週日與週一、4月週一、1/1、12/25

⊕www.chartres-tourisme.com

夏特是座位於巴黎西南方約80公里的小鎮，其中最引人注目的，是興建於

\推薦/
距離巴黎
位於巴黎西南方
距離約80公里
車程
約1.5小時

厄爾河(L'Eure)穿越了夏特市，寧靜的水道讓市景更加迷人。

1134~1260年間的夏特大教堂，它是歐洲哥德式建築的最佳典範之一，並被列名聯合國世界文化遺產。

夏特的舊城區分為上城(Ville Haute)與下城(Ville Basse)，這裡是首要的保護區，占地約60公畝。除了舊城區外，夏特的博物館也值得參觀，緊鄰大教堂旁的美術館以早期的主教宮改建而成，收藏著大量精美的掛毯和中世紀搪瓷器。

① 舊城區
Vieille Ville

夏特的大教堂一帶稱之為上城(Ville Haute)，至於位於厄爾河(l'Eure)地勢較低的區域則是當地人口中的下城(Ville Basse)。上下城以名為「聖尼古拉丘」(Tertre Sanit-Nicolas)的大階梯連接，類似的階梯在夏特總共有5座，其年代大多可回溯到中世紀。如果想欣賞舊城中最美麗的房舍，就不能錯過大教堂旁的魚市場廣場(Place de la Poissonnerie)，周邊保留了多座夏特傳統木造建築。此外，厄爾河畔風光充滿小鎮情調，天氣晴朗時房舍和綠意與水面倒映成趣。

◎P.195 ◎從火車站步行約10分鐘

「聖尼古拉丘」在古時候所扮演的角色除了是連接兩城商業貿易的主要通道外，還是座地下渠道，將厄爾河的水引至上城供居民使用。

遊客服務中心前方不遠處一棟圍繞著木筋牆的建築，其側面塔樓的貝荷特皇后階梯(Escalier de la Reine Berthe)裝飾著大量人物和動物雕刻。

興建於16世紀、裝飾大量木頭雕刻的鮭魚之家(Maison du Saumon)，現今是遊客服務中心的所在。

從大教堂後方順著山坡往下走，直到厄爾河這塊區域，就是當地最具人文特色的舊城。

曾經屬於夏特防禦工事一部份的城門Porte Guillame，興建於12世紀，不過在1944年德軍撤退時幾乎被完全摧毀，也因此今日呈現略微破敗的模樣。

同場加映：離開巴黎周邊的小旅行

悠閒、開闊的空間和清幽的環境，提供旅人一個休息的好地方。

伯斯油酥餅Sablé de Beauce

在夏特當地的眾多特產中，有一種百分之百以伯斯(Beauce)以及厄爾和羅亞爾河(Eure-et-Loir)地區的小麥、加上完美比例的奶油、混入新鮮雞蛋製成的餅乾，稱之為伯斯油酥餅。這種傳承古老食譜且不含任何添加物的餅乾，是最具當地特色的食物之一，非常適合當成茶點。

② 天鵝廣場
Place du Cygne

位於大教堂南邊的天鵝廣場，和一旁的瑪索廣場(Place Marceau)連成一氣，它們是新城的核心，由這兩座廣場向四周延伸的街道，構成了當地重要的商業區。天鵝廣場是一座綠意盎然的廣場，中央聳立著樹木，替餐廳的露天座位提供涼蔭，至於瑪索廣場則是一處開闊的廣場，中央聳立著一根高大的紀念碑，四周同樣坐落著咖啡館和商店。在夏特想找一處休息、用餐的地方，到這兩座廣場準沒錯。

🔖 P.195 🚶 從火車站步行約10分鐘

3 夏特大教堂
Cathédrale Notre-Dame de Chartres

夏特大教堂是西方文明中數一數二的偉大建築物，重建於13世紀初期，因為原建於11世紀的仿羅馬式教堂，在1194年遭大火燒毀，當時僅存留下西大門、南北兩鐘塔、地下墓室，而「聖母之紗」是唯一倖留的聖物。由於上層的彩繪玻璃居於高處，建議攜帶望眼鏡方能仔細觀賞。

⚑P.195 🚶從火車站步行約8分鐘 🏠16 Cloître Notre-Dame 28000 Chartres ☎02 37 21 59 08 ⏰8:30~19:30(7~8月週二、週五和週日至22:00)。 🚫1/1、5/1、12/25。 💲免費 🌐www.cathedrale-chartres.org

◎鐘塔
⏰北塔10:15、11:30、14:15、15:30、16:45(週日無早上場次)，場次依季節而異，請上網查詢。 🚫1/1、5/1、12/25。 💲北塔全票€7、優待票€5.5，18歲以下免費，11~3月第一個週日免費。

皇室大門Portail Royal

皇室大門是教堂3座大門中唯一倖存於大火的建築，年代追溯到12世紀。大門有3個入口處，其3個門邊的雕像柱群和三角面上的雕飾屬於羅馬式風格，分別代表舊約聖經中的人物。

● 彩繪玻璃窗主題訴說耶穌生平、舊約聖經和聖人的故事。

彩繪玻璃窗Vitraux

教堂內的176片彩繪玻璃大多數是從13世紀保存至今，其中還有4片是12世紀的作品，屬於歐洲中世紀最重要的彩繪玻璃之一。興建之時龐大的資金由貴族、富商和工會贊助，因此在部份彩繪玻璃窗的最下部，可以看見包括多種行業工作場景或家族徽章等捐贈者的標記。而在這些繽紛的彩繪玻璃中，又以藍色為主調，形成當地特殊的「夏特藍」代表色。

南大門Portail Sud

南大門興建於1205~1215年間，主要描繪教會歷史，從使徒追隨基督、創立教會到末日為止，門上裝飾著大量殉道者、使徒和懺悔者的雕像，闡述「殉難」、「最後的審判」和「堅信」等主題。

法國人的驕傲：波旁王朝

1594年亨利四世就在夏特大教堂加冕，就此開創了波旁王朝。在此之前法國因為連續的內戰和宗教戰爭而陷入混亂，亨利四世即位後穩定了國內外的動盪，替日後波旁王朝的盛世奠定了基礎，波旁王朝一直延續到法國大革命時才被推翻，持續了快200年的統治，在法國的歷史上扮演了重要的角色。

昔日的宮殿曾在1594年時接待過加冕的亨利四世。

同場加映：離開巴黎周邊的小旅行

北大門 Portail Nord

興建於1210~1225年間的北大門，訴說舊約聖經和聖母的故事，幾乎可說是一本基督教百科全書，裝飾中央拱廊上方的雕刻，描繪《創世紀》的場景，其周圍層層向外延伸的門拱上，裝飾著象徵12月份的活動和星座雕刻，相當有趣。

該建築整合了多棟15~19世紀的建築，今日的面貌大都出自17~18世紀時的三位主教任內。

迷宮 Labyrinthe

在大教堂的中央，有一座年代回溯到13世紀的迷宮，直徑約13公尺的它、全長達261.5公尺，由一連串的轉彎和弧圈構成，無論內外都以同樣方式排序的弧圈是它最大的特色。

中世紀時朝聖者會邊祈禱邊跟隨迷宮前進，對他們來說，這是一條象徵通往上帝和復活的路。根據1792年從中央移除的一塊石板記載，該迷宮的靈感可能來自希臘神話主角Dédale所設計的那座克里特島迷宮。

④ 夏特美術館
Musée des Beaux-Arts de Chartres

緊鄰大教堂的夏特美術館，由昔日的主教宮(Palais de l'Evêché)改建而成。法國大革命後，主教宮成為地方政府所有，一度當成地方長官的府邸。1821年時又再度回到教會手中。1905年在政、教分離的法律規定下，主教宮不再為宗教服務，並於1939年時創立了夏特博物館。

今日這座美術館中收藏了大量由古至今的藝術品，包括擅長描繪修士的蘇巴蘭(Zurbaran)、以靜物畫出名的夏丹(Chardin)和野獸派畫家弗拉曼克(Vlaminck)的作品，此外還有一系列以海洋為主題的展覽和17~18世紀的羽管鍵琴收藏。

該迷宮共由276塊白色石頭鋪成，曾有作家認為這數字近似於一女度懷孕發育的天數，因而引發眾人熱烈的討論。

⚑ P.195 🚶 從火車站步行約10分鐘 🏠 29 cloître Notre-Dame 28 000 Chartres 📞 02 37 90 45 80 🕐 週二~週六10:00~12:30、14:00~18:00(週四至20:00)、週日14:00~18:00 休週一、1/1、5/1、5/8、11/1、11/11、12/25 💲全票€7、優待票€3.5，18歲以下免費，每月第一個週日免費。 🌐 www.chartres.fr/musee-beaux-arts/horaires-et-animations

去一趟車程才30分鐘，
一日遊時間剛剛好

推薦

距離巴黎
位於巴黎北方，距離約40公里。

車程
約40分鐘

MAP P.175

香提伊
Chantilly

如何前往

◎RER
從巴黎搭RER D線於Chantilly-Gouvieux站下，車程約45分鐘。

◎火車
從巴黎里昂北站(Gare du Nord)搭火車於Chantilly-Gouvieux站下，車程約25分鐘，班次頻繁。

info

◎香提伊遊客服務中心Chantilly Tourist Office
🏠73 Rue du Connétable 60500 Chantilly
☎03 44 67 37 37 ⏰9:30~13:00、14:00~17:30
🚫週一、11~3月週日、1/1、5/1、12/25
🌐www.chantilly-senlis-tourisme.com

位在巴黎北邊48公里處的香提伊，每年定期舉辦法國年度賽馬盛事，以及許多地方賽馬活動，像是每年6月舉辦的騎師俱樂部大獎(Prix du Jockey Club)和黛安娜愛馬仕獎(Prix de Diane- Hermès)等，都是賽馬圈中的熱門話題。

位於賽馬場不遠處的香提伊城堡，洋溢著濃厚的文藝復興氣息，博物館中有大量藝術品與多座優美的花園。香提伊森林(Foret de Chantilly)曾經是皇室成員打獵的地方，占地63平方公里，天氣好的時候，漫步在森林中是件愉快的事，有時候還可見到當地居民在此練習騎馬！

香提伊自從1830年一些上流社會的騎士聚集在此後，即成為大巴黎地區純種馬賽馬的重要地點。

城堡和大馬廄皆位於香提伊城鎮的東邊，四周被香提伊森林所環繞。

大馬廄中的馬術表演也是不可錯過的景點之一。

Highlights：在香提伊，你可以去～～

① 香提伊城堡 Château de Chantilly

蒙莫朗西(Montmorency)家族最初興建的房舍在法國大革命時遭到破壞，後來在最後一位恭德親王(Prince de Condé)的重建下，出現了今日的大城堡(Grand Château)。

香提伊城堡在亨利二世過後，傳入大恭德(Grand Condé)手中，他命當時最傑出的景觀設計師勒諾特爾(André Le Nôtre)，為城堡設計一座擁有瀑布、樓閣、鄉村小屋的法式庭園，以及一條交錯的大運河，成為家族宴客與舉辦舞會的地方。

📍P.201 🚉從火車站或RER站到香提伊城堡約2公里，穿過香提伊森林(Forêt de Chantilly)步行約20分鐘可達；或搭計程車前往，車程約5分鐘。 🏠Château de Chantilly-Musée Condé 📞03 44 27 31 80 ⏰城堡10:00~17:00，大馬廄12:00~17:00，馬術表演於特定日期舉辦，請上網查詢。 🚫週二、1/8~1/26(每年時間不一定，請上網查詢) 💲香提伊套票(含城堡、公園和花園、大馬廄、馬匹博物館和大馬廄馬術示範)一日票全票€18、優待票€14.5，二日票全票€23、優待票€18；公園和花園全票€9、優待票€7。 chateaudechantilly.fr

落成於1560年、和大城堡相連的小城堡(Petit Château)由安內‧蒙莫朗西公爵建造。

參觀動線

城堡的參觀路線分為兩部分，1樓的主要套房必須跟著導遊參觀，至於畫廊(恭德博物館)、圖書室和禮拜堂則可自行參觀。2樓的小套房則是額外付費參加導覽方可參觀，包含歐馬公爵和夫人的臥室、恭德廳、大理石廳和小猴子室等。

由大、小城堡組成的香提伊城堡，其今日面貌和15世紀末開始掌管這片莊園的蒙莫朗西家族有關。

同場加映：離開巴黎周邊的小旅行

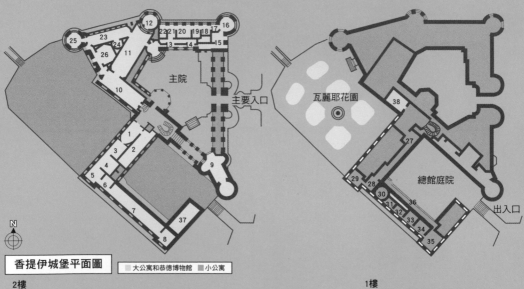

香提伊城堡平面圖 ▢大公寓和恭德博物館 ▢小公寓

主院 | 主要入口 | 瓦麗耶花園 | 總館庭院 | 出入口

N

2樓

1 接待廳	8 音樂廳
2 圖書室	9 禮拜堂
3 守衛廳	10 鹿畫廊
4 王子殿畫的寢室	11 畫室
5 大陳列室	12 畫廊圓頂
6 大猴子室	13/14 宅邸陳列室
7 大恭德的戰績畫室	15 史瑪拉室

16 敏娜娃室	23 賽姬美術館
17 骨董室	24 庇護所
18 喬托室	25 珠寶陳列室
19 伊莎貝爾室	26 講壇
20 奧爾良室	37 尚‧比朗的公寓
21 卡洛琳室	
22 克盧埃室	

1樓

27 杜梅長廊	34 恭德廳
28 吉斯廳	35 大理石廳
29 歐馬公爵夫人臥室	36 杜邦長廊
30 紫色廳	38 國王沙龍
31 小猴子室	
32 歐馬公爵浴室	
33 歐馬公爵臥室	

圖書室Cabinet des Livres

擁有雙層結構的圖書室，是歐馬公爵閱讀和工作的地方。這裡收藏多達13,000本著作，其中包括1,500本手抄本，內容多以文學歷史為主。

禮拜堂Chapelle

這間獻給聖路易的禮拜堂由歐馬公爵於1882年時委任建築師Honoré Daumet興建，幾乎就位在法國大革命前舊禮拜堂的所在位置。6尊青銅雕塑是恭德親王亨利二世的紀念碑，中央以兩尊女性雕像象徵宗教(陪伴哭泣的兒童和鸛鳥)和謹慎(手持纏繞著蛇的長矛)，前方四尊左右各代表正義(手持天平和托盤的男人)和憐憫(雙手交叉於胸前的婦女)，以及兩位展示盾牌和墓誌銘的孩童。

大公寓 Grands Appartements

◎王子殿下的寢室La Chambre de Monsieur le Prince
這間裝飾著細木壁貼的廳房，如今牆壁上裝飾著描繪東方寶塔和異國動物等洋溢異國風情的畫作，事實上這裡原本高掛的是家族成員畫像，不過法國大革命後恭德親王們只能從倉庫找出其他的替代品。廳房內有一件裝飾著鍍金和青銅雕刻的五斗櫃，前主人為凡爾賽宮的路易十六。

◎大猴子室
Grande Singerie
一隻隻的猴子或掌旗、或作畫、或演奏、或坐在地球儀上…象徵著戰爭、藝術、音樂、科學等主題，也展現了視覺、聽覺和嗅覺等主題，這幾幅活潑生動且充滿趣味的畫作，出自18世紀畫家Christophe Huet之手，這種直接作畫於護壁板上的藝術風格，在攝政時期相當流行。

◎大恭德的戰績畫室
Galerie des Actions du Grand Condé
又稱為軍事畫室，大恭德在世時曾委託軍事畫家Sauveur Le Conte繪製11幅展現他重要戰績的畫作，這些作品完成於1686~1692年間，如今除《後悔》這幅畫外，其他都按照年代順序陳列於此展覽室中。此外，其他陳列還包括大恭德的文書寶盒和雕像等等。

畫廊Galeries de Peintures／恭德博物館Musée Condé

◎畫室Galerie de Peinture

在恭德博物館中所看到的任何藝術珍藏，都是由歐馬公爵所收集而來，1875~1885年間，他請來Honoré Daumet將畫廊改建成展示藝術品的場所，而這座畫室是其中最大的一間展廳，其玻璃天棚帶來的絕佳的光線，讓人得以好好欣賞這些按歐馬公爵喜好擺設的畫作。在這間畫室中，你可以看見許多與戰爭、異國風情以及人物肖像等主題相關的作品，充分說明的歐馬公爵的軍人身份，以及對歷史和東方文化的熱情。

◎喬托室 Cabinet du Giotto

熱愛旅遊和家族聯姻的關係，使得歐馬公爵對義大利藝術產生了極大的興趣，在這間畫室中收藏了多件14~17世紀的義大利作品，其中比較著名的畫作包括代表14世紀亞維儂派的《卡達家族慈悲的聖母》(La Vierge de Miséricorde)，以及展現Maso di Banco透視畫風的《聖母之死》(La Dormition de la Vierge)。

◎庇護所Santuario

這間小小的半圓室中收藏著兩幅拉斐爾的作品：《奧爾良家族的聖母》(La Madone de la Maison d'Orléans)和《三美圖》(Les Trois Grâces)，前者保留了拉斐爾年輕時期遵循中世紀畫風的筆觸，後者據說原本只有左邊女神手拿蘋果，後來拉斐爾為她們每人都畫上一個。

◎講壇Tribune

這間八角形的房間，上方覆蓋著一座開著高窗的穹頂，儘管窗邊裝飾華麗，下方卻留下大量空間展示畫作，充分展現19世紀的博物館概念。歐馬公爵將許多傑作高掛於此廳之中，結合了15~19世紀的畫作，其中包括出自波提且利工作室的《秋天》、安格爾(Ingres)的《拿破崙肖像》(Portrait de Napoléon)等等。

公園和花園Parc et Jardins

腹地廣大的公園占地約115公頃，主要區分成4大區域，包括大片綠地和多座水池以對稱方式呈現的勒諾特法式花園(Jardins Français Le Nôtre)、擁有愛之島(L'Ile d'Amour)和維納斯神廟(Temple de Vénus)並重建於19世紀的浪漫英式花園(Jardin Anglais)、靈感來自瑪麗・安東奈特於凡爾賽宮的特里亞農宮的村莊(Hameau)與盎格魯中式花園(Jardin Anglo-Chinois)，以及興建於18世紀的小花園(Petit Parc)。

馬匹博物館占地600平方公尺，主要目的在闡揚馬術文化，展出與馬術相關的藝術，包括畫作、雕塑、馬具與文獻等等。

除靜態展示外，這裡還提供馬術示範，在例行示範中會有騎師以法文解說、示範基本馬術，包括如何使馬鞠躬、旋轉、屈膝等。

大馬廄和馬匹博物館 Grandes Écuries & Le Musée du Cheval

大馬廄興建於1719~1740年間，據說因為波旁・康德家族的路易・亨利親王(Prince Louis-Henri de Bourbon-Condé)認為自己死後會投胎成馬，而命當時的建築師奧貝打造了這座建築傑作。最初這裡用來豢養看管伊城堡的240匹馬和超過500隻的獵犬，1982年時，在當時法國最年輕的騎師長伊芙(Yve Bien-Aime)的主持下，正式改建為馬匹博物館(Le Musée du Cheval)。

去一趟車程才1小時，
一日遊時間剛剛好

奧維位在巴黎的北郊，因印象派畫家梵谷(Van Gogh)在此度過了他生命中的最後兩個月，並留下許多曠世畫作，使得這座小鎮變得不平凡。

＼推薦／

距離巴黎
位於巴黎西北方
距離約30公里

車程
約1小時

同場加映：離開巴黎周邊的小旅行

👁 MAP P.175 **奧維**
Auvers-sur-Oise

如何前往

◎火車
從巴黎北站(Gare du Nord)或聖拉薩火車站(Gare Saint Lazare)搭火車於Auvers-sur-Oise下。從北站出發的火車分為直達車和必須在Persan Beaumont或St. Ouen l'Aumone等地轉車兩種，直達車只有週末發車，車程約35分鐘，轉車全程約65~80分鐘，約20~30分鐘一班。從聖拉薩火車站出發的火車需從Pontoise轉車，全程約75分鐘，約25~60分鐘一班。

奧維
杜比尼故居兼畫室
Maison-Atelier de Daubigny
奧維城堡
Château d'Auvers-sur-Oise
嘉舍醫生家
Maison du Docteur Gachet
梵谷兄弟之墓
Tombes de Vincent Van Gogh et de Son Frère Théo
麥田
Champ de Blé
杜比尼博物館
Musée Daubigny
奧維階梯
L'Escalier d'Auvers
奧維聖母院
Église Notre-Dame d'Auvers
市政廳
Mairie
杜比尼花園
Jardin de Daubigny
火車站
遊客服務中心
哈霧旅舍（梵谷故居）
Auberge Ravoux (Maison de Van Gogh)

info

◎奧維遊客服務中心Office de Tourisme d'Auvers-sur-Oise
🚶從火車站步行約3分鐘
🏠Van Gogh Park, 38 rue du General de Gaulle 95430 Auvers-sur-Oise
☎01 30 36 71 81
🕐4~10月9:30~18:00(平日1:00~2:00午休)、11~3月10:00~16:30(平日1:00~2:00午休)
🚫週一、12/24~1/1。
🌐tourisme-auverssuroise.fr

　1890年，病情加重的畫家梵谷前往奧維尋找嘉舍醫生(Paul Gachet)治病，他在哈霧旅店(Auberge Ravoux)的小閣樓住了下來，梵谷在奧維的日子顯然要比在南部的那段歲月好過多了。只是好景不常，當時的西奧正陷於愛子病重和經濟拮据的困境中，梵谷似乎意識到自己成為弟弟的負擔。舊疾復發的恐懼讓梵谷精神再度陷入崩潰邊緣，最後舉槍自盡。在梵谷過世後的半年，與哥哥始終相知相隨的西奧，也追隨梵谷而去，兩人被安葬在奧維的墓園，永遠看護著那一片無邊的麥田。

Highlights：在奧維，你可以去～

① 哈霧旅舍(梵谷故居)
Auberge Ravoux(Maison de Van Gogh)

在奧維的兩個月，是梵谷生命最後的高潮，這段期間他以每天一幅以上的驚人速度畫了80幾幅作品，其中包括許多膾炙人口的作品，如《嘉舍大夫》、《奧維教堂》和《麥田群鴉》等，如果說奧維是梵谷的最終火花，一點也不為過。

陷入精神崩潰的梵谷於1890年7月27日在奧維城堡附近的樹林裡舉槍自盡，兩天後在這間小房間裡辭世。另外位於底層的餐廳，仍舊販賣著梵谷當時最愛享用的菜色——橄欖油醃鮭魚馬鈴薯(Marinated Herring and Salmon with Warm Potatos)。

⊙P.204 🚶從火車站步行約3~5分鐘 🏠52 Rue du Général de Gaulle 95430 Auvers-sur-Oise ☎01 30 36 60 60 🕐梵谷房間3~11月中週三～週日10:00~18:00，旅舍餐廳3~11月中12:00~18:00、晚餐僅開放包場；每年開放時間略有變動，請上網查詢。 休週一、週二、11月中~2月、復活節、8/15 ⑤梵谷房間全票€7、優待票€5，12歲以下免費。 🌐www.maisondevangogh.fr

梵谷當時以每天3.5法郎的代價入住哈霧旅舍，房間位在2樓，不到兩坪的空間裡只開了一扇小窗。

今日的哈霧旅舍除梵谷故居外，還有一間播放梵谷生平的視聽室。

同場加映：離開巴黎周邊的小旅行

如今奧維城堡成為印象派藝術的推手，以現代化的多媒體設備，帶領參觀者深入畫家的世界。

該展覽以《印象派畫家時光之旅》為主題，遊客將追隨杜比尼、塞尚、梵谷這些大師們的腳步，一一探訪他們的歷程。

② 奧維城堡
Château d'Auvers-sur-Oise

1635年時，尾隨瑪莉·梅迪奇(Marie de'Medicis)而來的義大利銀行家Lioni Zanobi，在奧維的這座小山丘上興建了一棟義式別墅，後來主人多次易手，到了18世紀末，因一次大刀闊斧的改建，搖身一變成了法式城堡。1987年時，奧維市政府將它買下後加以整修，並於1994年時開放民眾參觀。

以模型重建的19世紀巴黎街景和印象派畫家熱愛的主題，你可以體驗藝術品拍賣的情景、在歌舞酒館中觀賞康康舞、甚至搭上火車和藝術家們一同到戶外寫生…成為500幅印象派名畫的「另類」主角。

⊙P.204 🚶從火車站步行約10~12分鐘 🏠Chemin des Berthelées 95430 Auvers-sur-Oise ☎01 34 48 48 48 🕐4~9月週二～週日10:00~18:00，10~3月週二～週日10:00~17:00。 休週一 ⑤全票€12、優待票€7.5，7歲以下免費 🌐www.chateau-auvers.fr

③ 杜比尼故居兼畫室
Maison-Atelier de Daubigny
這棟興建於1861年的房舍，是畫家杜比尼(Charles-François Daubigny)定居奧維的第一個家。在這間故居中，依舊保留了杜比尼和他家人在此度過的歲月痕跡，其中不乏多幅出自他手的大型壁畫，像是彩繪著兔子、麥田、河流的餐廳牆壁嵌板，以及他在女兒臥室為她20歲生日時畫下象徵美好童年時光的繪畫等等，讓人能更貼近這位畫家的生活。

📍P.204 🚶從火車站步行約8分鐘 🏠61 Rue Daubigny 95430 Auvers-sur-Oise ☎01 34 48 03 03 🕐4～10月週末10：30～12：00、14：00～18：30 休4～10月平日、11～5月 💲全票€6、優待票€4，12歲以下免費。 www.atelier-daubigny.com

出生於巴黎的他於定居奧維期間結識且影響了塞尚等年輕的印象派畫家，也因此杜比尼被視為印象派的先驅。

④ 奧維聖母院
Église Notre-Dame d'Auvers
這座在梵谷畫中有著綠色梁柱、橘色屋頂和藍色玻璃窗的奧維聖母院，現實中並沒有那麼色彩繽紛。該建築興建於12～13世紀，屬於羅馬哥德式風格，其中殿明顯受到巴黎聖母院的影響，自1915年被列為歷史古蹟。梵谷作畫的角度是教堂的背面，從市區方向前來，必須爬一段階梯，然後就會看到教堂的正面。

📍P.204 🚶從火車站步行約3～5分鐘 🏠Place de l' église 95430 Auvers-sur-Oise ☎01 30 36 71 19 🕐9：30～19：00

這段石造的階梯，也在1947年被列入歷史古蹟。

同場加映：離開巴黎周邊的小旅行

⑤ **梵谷兄弟之墓Tombes de Vincent Van Gogh et de Son Frère Théo**

在梵谷過世後半年，手足情深的弟弟西奧也跟著撒手人寰，他們兩人被一同葬在奧維的墓園裡，墓碑上簡單的寫著：「這裡長眠著文森·梵谷」。這座雙生墓上爬滿的長春藤，是嘉舍醫生的兒子Paul Gachet於1924年時由自家庭園移植栽種的，因為西奧的遺孀曾寫信給他：「當墓石砌好時，你是否能為我在這兩座墳上種植長春藤，它總是綠意盎然且擁有簡單的美。文森和西奧兩人都很喜歡長春藤…」

🗺 P.204 🚶 從火車站步行約8~10分鐘 🏠 Le Cimetière 95430 Auvers-sur-Oise

⑥ **嘉舍醫生家 Maison du Docteur Gachet**

嘉舍醫生畫像《Portrait of Dr. Gachet》是梵谷最有代表性的作品之一，因為高拍賣價格而知名。嘉舍醫生是梵谷生前的心理醫生，因為他對繪畫的愛好，梵谷才會前來奧維治病，他或許也是唯一能了解梵谷的人。嘉舍醫生的家位於山丘上，養有雞鴨的院子裡種滿了花花草草，房子裡則擠滿了印象派畫圖畫和骨董，梵谷有時會到嘉舍家用餐、為他們一家人作畫。

🗺 P.204 🚶 從火車站步行約15~20分鐘 🏠 78 Rue du Docteur Gachet 95430 Auvers-sur-Oise ☎ 01 30 36 81 27 🕐 4~10月週三~週日10:30~18:30，11~3月週四、週末10:30~18:00，每年開放時間略有變動，請上網查詢。 休 4~10月週一、週二，11~3月週一~週三、週五 💲 全票€3、優待票€2

⑦ **艾碧斯博物館 Musée de l'Absinthe**

「艾碧斯」也就是苦艾酒，這是一種高酒精度數的蒸餾酒，19世紀末到20世紀初在歐洲非常的流行，不過因為酒精濃度過高，苦艾酒曾經被當成禁酒，直到20世紀末才解禁。梵谷也是苦艾酒的愛好者，他生前待在奧維的兩個月中就經常飲用苦艾酒，據說他就是在喝了苦艾酒的情況下才割掉自己的耳朵。

🗺 P.204 🚶 從火車站步行約10分鐘 🏠 44 Rue Alphonse Callè, 95430 Auvers-sur-Oise ☎ 01 30 36 83 26 🕐 3月中~10月下旬週末以及7月中~8月中週三~週五13:30~18:00，每年開放時間略有變動，請上網查詢。 💲 全票€6、優待票€5，15歲以下免費。

這間博物館介紹了苦艾酒的相關知識，也可以品嘗苦艾酒。

同場加映：離開巴黎周邊的小旅行

巴黎

35

巴黎/墨刻編輯部作. -- 初版. -- 臺北市
: 墨刻出版股份有限公司出版 : 英屬蓋
曼群島商家庭傳媒股份有限公司城邦
分公司發行, 2024.03
208面 ; 16.8×23公分. -- (City target ;
35)
ISBN 978-986-289-987-8(平裝)

1.CST: 旅遊 2.CST: 法國巴黎

742.719   113001808

作者墨刻編輯部
攝影墨刻攝影組
特約主編李美蒨
美術設計呂昀禾（特約）・李英娟
地圖繪製墨刻編輯部

出版公司
墨刻出版股份有限公司
地址：台北市115南港區昆陽街16號7樓
電話：886-2-2500-7008／傳真：886-2-2500-7796
E-mail：mook_service@hmg.com.tw

發行公司
英屬蓋曼群島商家庭傳媒股份有限公司城邦分公司
城邦讀書花園：www.cite.com.tw
劃撥：19863813／戶名：書虫股份有限公司
香港發行城邦（香港）出版集團有限公司
地址：香港九龍土瓜灣土瓜灣道86號順聯工業大廈6樓A室
電話：852-2508-6231／傳真：852-2578-9337
城邦（馬新）出版集團 Cite (M) Sdn Bhd
地址：41, Jalan Radin Anum, Bandar Baru Sri Petaling,
57000 Kuala Lumpur, Malaysia.
電話：(603)90563833／傳真：(603)90576622／
E-mail：service@cite.my

製版・印刷凱林彩印股份有限公司
ISBN978-986-289-987-8・978-986-289-990-8（EPUB）
城邦書號KV4035 初版2024年3月
定價380元
MOOK官網www.mook.com.tw
Facebook粉絲團www.facebook.com/travelmook
MOOK墨刻出版 www.facebook.com/travelmook

版權所有・翻印必究

歡迎與我們聯繫：mook_service@mook.com.tw

執行長何飛鵬
PCH集團生活旅遊事業總經理暨墨刻出版社長李淑霞

總編輯汪雨菁
資深主編呂宛霖
採訪編輯趙思語・陳楷琪
叢書編輯唐德容・王藝霏・林昱霖
資深美術設計主任羅婕云
資深美術設計李英娟
影音企劃執行邱茗晨

資深業務經理詹顏嘉
業務經理劉玫玟
業務專員程麒
行銷企畫經理呂妙君
行銷企畫專員許立心
業務行政專員呂瑜珊

印務部經理王竟為

墨刻整合傳媒廣告團隊

提供全方位廣告、數位、影音、代編、出版、行銷等服務

為您創造最佳效益

U0020654